U0940537

公司简介 Company profile

华砂砂浆有限责任公司（下简称华砂公司）是东方雨虹旗下专业从事特种砂浆技术研究并提供系统解决方案的高新技术企业，全面负责东方雨虹集团砂浆类材料的产品研发、应用技术研究、产品生产、市场推广销售、技术及工程施工服务、品牌建设等工作。华砂公司推出“平台 + 创客”的管理模式，与创客共享砂浆市场红利是全体华砂公司员工共同追求的目标。

华砂公司依托东方雨虹雄厚的资金及技术实力，在北京、上海、惠州、岳阳、徐州、唐山、锦州、昆明、咸阳建立了 9 大生产及物流基地。与爱立许、m-tec、南方路基、中联重科等干混砂浆设备供应商合作，拥有若干全自动干混砂浆生产线，而优质原材料采购渠道保证了产品的稳定可靠，使生产技术及产品品质达到国内先进水平。

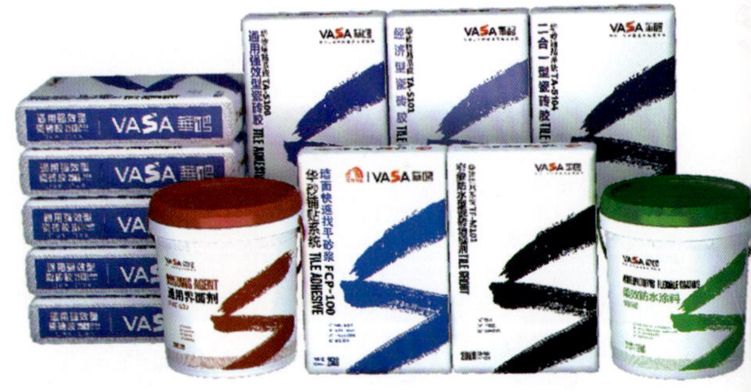

elotex® 易来泰®

50年 ELOTEX®易来泰®

0年来，ELOTEX® 易来泰® 品牌一直致力于为干混砂浆行业提供高质量的产品和服务。长久以来我们对质量、可靠性和创新的不懈坚持，使得我们成为深受全球干混砂浆生产商欢迎的伙伴之一。

ELOTEX® 易来泰®品牌的历史可以追溯到1947年，公司成立于瑞士的Sempach Station。

从最初的可再分散聚合物粉末业务，成长至今，公司已赫然成为全球建筑&建材行业先进的可再分散聚合物粉末、特种添加剂和纤维素醚的生产商。

阿克苏诺贝尔特种化学（上海）有限公司
特性助剂部
华加路275号，松江工业区
中国，上海，201600
电话：+86 21 3774 6188, 传真：+86 21 3777 2515
contact.elotex@nouryon.com, www.elotex.cn

Nouryon

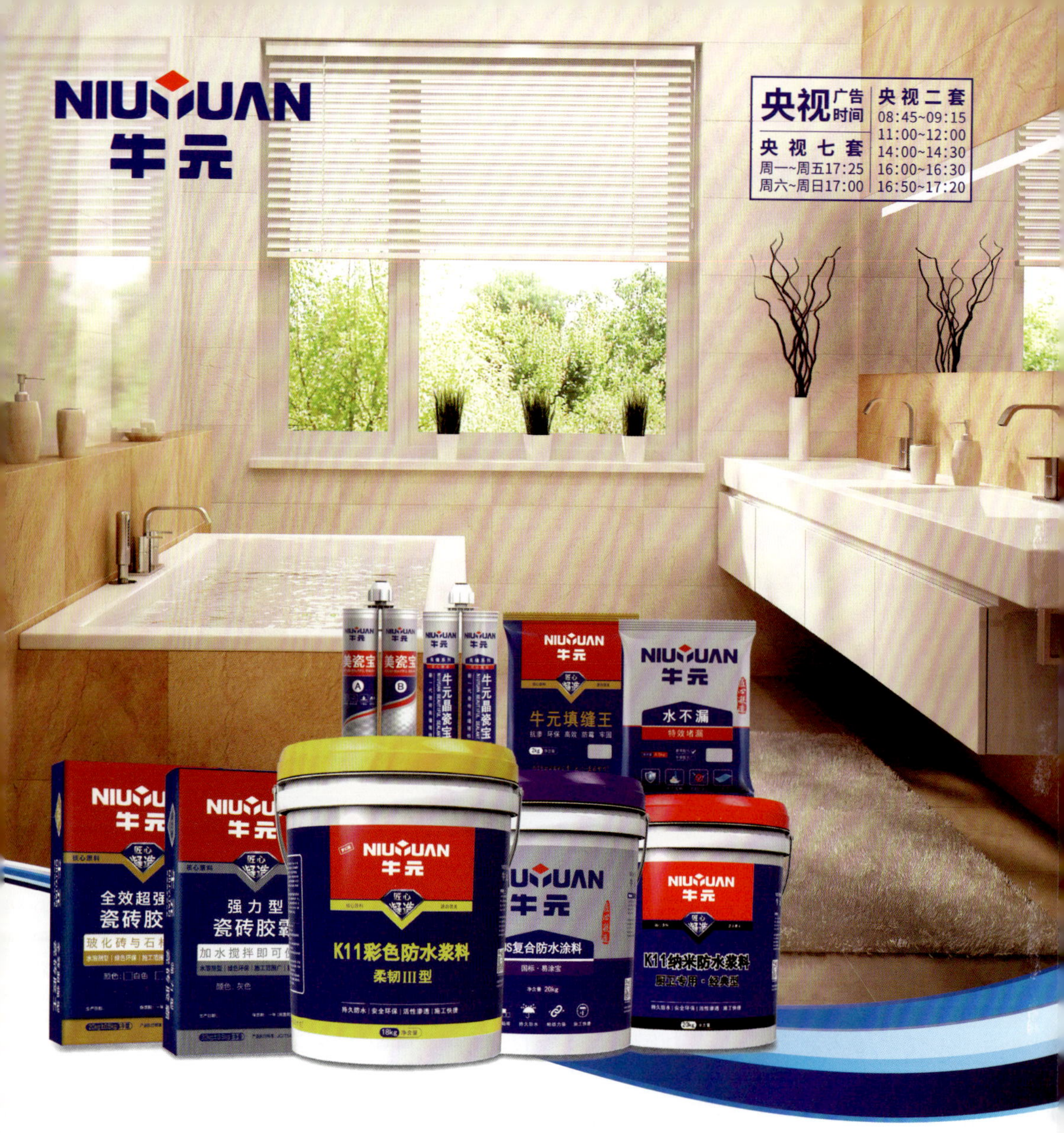

2018

中国瓷砖粘贴行业发展报告

中国陶瓷工业协会瓷砖粘贴技术专业委员会　组织编写

中国建材工业出版社

图书在版编目（CIP）数据

2018 中国瓷砖粘贴行业发展报告／中国陶瓷工业协会瓷砖粘贴技术专业委员会组织编写．—北京：中国建材工业出版社，2019.1

ISBN 978-7-5160-2480-5

Ⅰ.①2…　Ⅱ.①中…　Ⅲ.①瓷砖—粘结剂—建筑业—研究报告—中国—2018　Ⅳ.①F426.9

中国版本图书馆 CIP 数据核字（2018）第 282288 号

2018 中国瓷砖粘贴行业发展报告

中国陶瓷工业协会瓷砖粘贴技术专业委员会　组织编写

出版发行：中国建材工业出版社

地　　址：北京市海淀区三里河路 1 号

邮　　编：100044

经　　销：全国各地新华书店

印　　刷：北京雁林吉兆印刷有限公司

开　　本：710mm×1000mm　1/16

印　　张：9.5

字　　数：170 千字

版　　次：2019 年 1 月第 1 版

印　　次：2019 年 1 月第 1 次

定　　价：220.00 元

本社网址：www.jccbs.com，微信公众号：zgjcgycbs

《2018 中国瓷砖粘贴行业发展报告》编委会

序　言

——把握消费升级风口，引领行业新趋势

改革开放以来，中国经济高速发展，成绩斐然。在当前利好局势下，城市化发展势头迅猛，居民收入水平持续提高，拉动了对建筑装饰行业的强烈需求，对建筑住房的标准也逐渐提高。居民消费升级换代，对建筑瓷砖消费的认知度已达到新高，越来越注重居住空间的“质量”。

以前，装修业主对瓷砖的要求是比较低的，使用水泥砂浆简单铺设即可，现在，人们的审美要求越来越高，最近几年，人们越来越能接受瓷砖粘结剂、美缝剂之类的产品。并且，在家居装修中，越来越多的家庭喜欢使用表面光滑、有纹理有质感的大尺寸玻化砖、大理石砖。特别是这几年，尺寸巨大的陶瓷大板的出现更是引发新的装饰潮流。但是，这类尺寸巨大、吸水率极低的瓷砖，使用传统的水泥砂浆无法粘贴牢固，空鼓、掉砖现象屡见不鲜。市场的需求，引爆了瓷砖粘结剂行业的发展。粘贴力更强、材料更省、施工效率更高、材料更环保的瓷砖粘贴材料在这些年快速发展。在全球发达国家，瓷砖粘结剂的应用已经十分普及成熟，相比之下，国内起步较晚，正处在推广普及阶段，但国内瓷砖粘结剂市场潜力不容小觑。在这样的市场背景下，国内瓷砖粘结剂企业该如何把握机遇，顺势而为？相信在《2018 中国瓷砖粘贴行业发展报告》里，您能找到答案。

此次，中国陶瓷工业协会瓷砖粘贴技术专业委员会牵头编写发

布的行业发展报告，我认为无论是对瓷砖还是对瓷砖粘结剂行业而言都是一件好事，有助于企业对市场行情做出更好判断。瓷砖本是半成品，如果业内同人能够在粘贴应用方面精益求精，做好相应的产品与服务，提升行业附加值，相信能带来巨大的回报。

中国陶瓷工业协会会长

2018 年 11 月

前　言

随着我国建陶行业的发展，瓷砖薄型化、低吸水率和大尺寸的趋势对瓷砖粘结材料及铺贴工艺提出了更高的要求，瓷砖粘贴辅料正经历从简单传统的水泥砂浆到专业可靠的瓷砖粘结剂的发展变革阶段。与欧美、日本等建筑业高度发达的国家与地区相比，我国瓷砖粘结剂行业发展较晚。在发达国家，瓷砖粘贴技术已经在建筑中得到广泛应用，粘贴产品达到几百种，基本取代了传统粘结剂。当瓷砖粘结剂逐渐进入全球最大的瓷砖生产地与使用地——中国的消费者的视线，其需求也在巨大市场容量的支持与推动下迅猛增长，诸多利好因素使其在房地产和建筑材料行业低位运行的不利形势下快速发展。

中国陶瓷工业协会瓷砖粘贴技术专业委员会作为国家民政部批准登记的国家二级社团，有责任和义务对国内瓷砖粘贴行业进行引领、推动、规范并做好服务工作。目前，中国瓷砖粘贴行业产业链不断延伸，涉及机械设备、技术研发、原料供应、产品生产、销售物流及施工应用各环节。行业调研工作是专委会的服务范围。为此，由中国陶瓷工业协会瓷砖粘贴技术专业委员会牵头组织，在编写行业首部发展报告《2016 中国瓷砖粘结剂行业发展报告》的基础上，继续编写了《2018 中国瓷砖粘贴行业发展报告》（以下简称《发展报告》），面向社会权威发布。《发展报告》是对整个行业脉络进行的一次系统梳理，给政府有关部门制定产业政策、规划提供科学的依据和理论支持，为企业研究战略发展和市场开拓提供有价值的信息。

历时八个月，编制组通过问卷调查、走访咨询、专家访谈、汇总整理、分析研究，最终将《发展报告》编写成稿。《发展报告》今天正式和大家见面了，在本书的编写过程中，编写组得到许多行业组织和专业人士的大力支持和帮助。《发展报告》主要内容包括：中国瓷砖粘贴行业市场规模，2013—2017年产能、消耗量，华南、华东、华北等主要销售区域的市场发展现状，与地产开发商、瓷砖生产商、渠道代理商、铺贴工人以及终端业主等上下游利益相关者的态度调查，瓷砖粘贴行业相关的政策法规，行业发展趋势等。另外，《发展报告》对砂石、水泥、乳胶粉、纤维素醚等原材料市场现状作了详细分析。

希望《发展报告》能为政府主管部门、行业组织、企业等相关单位提供有价值的参考信息；同时希望社会各界能够继续关注和支持我国瓷砖粘贴行业的发展，为行业健康可持续发展出谋划策；也希望行业有关部门和企业多提宝贵意见，以利于我们今后在编写过程中不断完善。

2018年11月

目　　录

第 1 章　2017 年中国建材行业经济运行情况

1.1　2017 年中国经济运行形势分析

2017 年中国经济保持平稳运行的态势，国内生产总值（GDP）增速有所回升，居民消费价格指数（CPI）涨幅有所收窄，工业品出厂价格指数（PPI）由上年下降转为明显上涨，企业利润增速明显加快，经济结构持续改善，新动能继续积累，供给侧结构性改革重点任务完成情况较好。

据国家统计局 2018 年 2 月 28 日发布的《中华人民共和国 2017 年国民经济和社会发展统计公报》显示，2017 年全年国内生产总值 827122 亿元（图 1-1），同比增长 6.9%。全年最终消费支出对国内生产总值增长的贡献率为 58.8%，资本形成总额贡献率为 32.1%，货物和服务净出口贡献率为 9.1%。全年人均国内生产总值 59660 元，同比增长 6.3%。全年国民总收入 825016 亿元，同比增长 7.0%。2017 年我国经济保持中高速增长趋势，综合国力和国际影响力迈上新台阶。

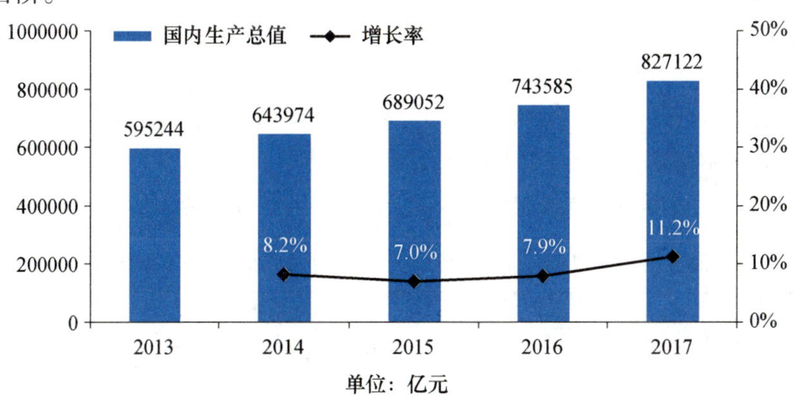

图 1-1　2013—2017 年中国国内生产总值及增长速度

数据来源：国家统计局

一、第三产业增加值拉动国内经济增长

根据国家统计局数据，2017 年国内第一产业增加值 65468 亿元，同比增长 3.9%；第二产业增加值 334623 亿元，同比增长 6.1%；第三产业增加值 427032 亿元，同比增长 8.0%。第一产业增加值占国内生产总值的比重为 7.9%，第二产业增加值比重为 40.5%，第三产业增加值比重为 51.6%。从 GDP 及其三产业和各行业增加值的角度分析经济运行，2017 年经济运行表现出以下特点：首先，第三产业增加值对经济增长起主要拉动作用；其次，第一、三产业增加值拉动经济增速较上年有所回升；最后，年内季度之间部分行业增加值增速波动明显。

2017 年，交通运输、仓储和邮政业，信息传输、软件和信息技术服务业，租赁和商务服务业增加值保持快速增长，增加值分别增长 9.0%、26.0% 和 10.9%，均高于第三产业增加值增速，其余行业增加值增速均低于第三产业增加值增速。所以上述三个行业对第三产业增加值增速起到主要拉动作用。其中，信息传输、软件和信息技术服务业增速最大，远超过第三产业 8% 的增速。相比 2016 年，交通运输、仓储和邮政业，信息传输、软件和信息技术服务业增加值增速较高，其中，交通运输、仓储和邮政业增加值增速由 2016 年的 6.6% 上升到 9.0%，提高 2.4 个百分点；信息传输、软件和信息技术服务业增加值增速由 2016 年的 18.1% 上升到 26.0%，提高 7.9 个百分点。其余行业中批发和零售业、金融业增加值增速与 2016 年持平；住宿和餐饮业、房地产业、租赁和商务服务业、其他服务业增速低于 2016 年。

在第三产业中，房地产业增加值增速回落幅度较大。2017 年房地产业增加值增长 5.6%，相比 2016 年回落 3 个百分点。房地产业增加值增速回落的主要原因是房地产开发经营业增加值增速回落，主要是由商品房销售增速回落带动的。2017 年商品房销售面积增长 7.7%，相比 2016 年回落 14.8 个百分点；商品房销售额增长 13.7%，回落 21.1 个百分点。

表 1-1 为 2017 年中国不同行业分季度增加值增速情况。

表 1-1　2017 年中国不同行业分季度增加值增速情况

指标	2017 年（%）				
	一季度	二季度	三季度	四季度	全年
国内生产总值	6.9	6.9	6.8	6.8	6.8
第一产业	3.0	3.8	3.9	4.4	3.9

续表

指标	2017 年（%）				
	一季度	二季度	三季度	四季度	全年
第二产业	6.4	6.5	6.0	5.7	6.1
第三产业	7.7	7.7	8.1	8.3	8.0
农林牧渔业	3.2	3.9	4.0	4.5	4.1
工业	6.5	6.6	6.3	6.2	6.4
建筑业	5.3	5.4	4.0	3.1	4.3
批发和零售业	7.4	7.1	7.1	6.9	7.1
交通运输、仓储和邮政业	8.7	9.6	9.1	8.6	9.0
住宿和餐饮业	7.4	7.0	7.1	7.0	7.1
金融业	4.4	3.4	6.1	4.0	4.5
房地产业	7.8	6.2	3.9	4.8	5.6
信息传输、软件和信息技术服务业	19.1	22.7	28.5	33.8	26
租赁和商务服务业	10.2	9.3	11.8	11.8	10.9
其他服务业	6.9	7.3	7.2	7.2	7.1

数据来源：国家统计局

二、消费需求和投资需求增速回落，经济增长贡献率下降

据国家统计局住户调查结果显示，2017 年全国居民人均消费名义支出增长 7.1%，实际增长 5.4%，比上年分别回落 1.8 和 1.4 个百分点。政府消费支出增速略有回落，2017 年全国一般公共预算支出增长 7.7%，增速比上年回升 1.3 个百分点，财政在公共服务方面的支出增速相应有所回升。因此，2017 年政府消费支出名义增速比上年有所回升。由于工资指数增幅高于上年，剔除价格因素的政府消费支出实际增速略低于 2016 年。居民消费支出和政府消费支出的上述表现决定了 2017 年消费需求增速比 2016 年有所回落。2017 年消费需求对经济增长的贡献率为 58.8%，比 2016 年下降了 7.7 个百分点。

2017 年固定资产投资（不含农户）名义增长 7.2%，比 2016 年回落 0.9 个百分点。由于 2016 年固定资产投资价格下降，2017 年固定资产投资价格明显上涨，剔除价格因素的固定资产投资实际增速比 2016 年明显回落。制造业、房地产开发和基础设施三大领域投资接近固定资产投资（不含农户）的 70%，在固定资产投资中起到重要作用。从名义增速看，三大领域投资增速均比上年有所回升。2017 年制造业投资增长 4.8%，比上年回升 0.6 个百分点；房地产

开发投资增长 7.0%，比上年回升 0.1 个百分点；基础设施投资增长 19.0%，比上年加快 1.6 个百分点。在三大投资领域中，基础设施投资增速最高，比固定资产投资（不含农户）增速高 11.8 个百分点，对固定资产投资的稳定增长起到重要作用；供给侧结构性改革对制造业投资增速回升起到重要作用。

三、居民消费价格涨幅收窄

2017 年居民消费价格涨幅呈 V 形走势。其中，1 月份涨幅最高，为 2.5%；2 月份涨幅最低，为 0.8%；3 月份以后波动上涨，12 月份回升至 1.8%。

2017 年居民消费价格上涨 1.6%，涨幅比上年收窄 0.4 个百分点。2017 年居民消费价格中八大类七涨一降。其中，食品烟酒类价格下降 0.4%（其中食品价格下降 1.4%），是居民消费价格涨幅回落的主要原因。食品价格下降主要是受部分鲜活食品价格下降的影响。受 2015 年和 2016 年猪肉价格涨幅较大，养殖效益较好的影响，2017 年养殖规模扩大、供应增加，导致猪肉价格比 2016 年下降 8.8%；由于整体气候条件较为适宜，市场供应比较充足，鲜菜价格下降 8.1%；鸡蛋价格全年波动较大，上半年由于前期蛋鸡存栏量较高，鸡蛋价格下降较多，下半年呈恢复性上涨，全年平均价格下降 4.5%。猪肉、鲜菜和鸡蛋三项合计影响居民消费价格指数（CPI）下降约 0.5 个百分点，是食品价格下降的主要原因。

受消费结构升级、人工成本上涨等因素影响，2017 年服务价格继续呈上升走势。其中部分服务项目价格上涨明显，医疗服务价格上涨 6.5%，家政服务价格上涨 5.2%，养老服务价格上涨 4.5%，旅游服务价格上涨 3.6%，教育服务价格上涨 3.1%。全部服务价格上涨 3.0%，影响 CPI 上涨约 1.1 个百分点。

四、产业结构、需求结构和收入分配结构持续改善

产业结构改善的表现首先是 2017 年第三产业增加值比重为 51.6%，与 2016 年持平；对经济增长的贡献率达到 58.8%，比 2016 年提高 1.3 个百分点。第三产业增加值比重在 2013 年第一次超过第二产业，2015 年超过 GDP 的 50%，2016 年和 2017 年均达到 51.6%，服务业成为经济增长的主要拉动力。其次，高技术制造业比重持续提高。2017 年高技术制造业增加值占规模以上工业增加值比重为 12.7%，比 2016 年提高 0.3 个百分点。

需求结构改善的表现首先是消费需求对经济增长的贡献率明显高于投资需求，保持主要驱动力的作用。2017 年消费需求对经济增长的贡献率为 58.8%，比投资需求贡献率高 26.7 个百分点。其次，投资结构继续改善。一是高技术制造业投资比重提高。2017 年高技术制造业投资增长 17%，比全部制造业投

资增速高 12.2 个百分点，占全部制造业投资的比重为 13.5%，比 2016 年提高 1.4 个百分点。二是高耗能制造业投资比重下降。2017 年五大高耗能制造业投资下降 1.8%，占全部制造业投资的比重为 21.9%，比 2016 年下降 1.4 个百分点。

收入分配结构持续改善的表现首先是实际国民收入分配继续向居民倾斜。2017 年全国居民人均可支配收入实际增长 7.3%，高于 GDP 增速 0.4 个百分点，说明实际国民可支配收入分配持续向居民倾斜。其次是城乡居民收入相对差距继续缩小。2017 年农村居民人均可支配收入名义增长 8.6%，实际增长 7.3%；城镇居民人均可支配收入名义增长 8.3%，实际增长 6.5%。因此，农村居民人均可支配收入名义增速和实际增速均高于城镇居民人均可支配收入相应增速。

五、战略性新兴产业、高技术产业、新产品、网上零售额保持快速增长

2017 年工业中包括节能环保产业、新一代信息技术产业、生物产业、高端装备制造产业、新能源产业、新材料产业在内的战略性新兴产业增加值增长 11.0%，高于规模以上工业增加值增速 4.4 个百分点。2017 年战略性新兴服务业明显高于规模以上服务业营业收入增速。其中，信息技术咨询服务业、数据处理和存储服务、数字内容服务均保持高速增长。

2017 年高技术制造业增加值增长 13.4%，高于规模以上工业增速 6.8 个百分点。其中，医药制造业增长 12.4%，航空、航天器及设备制造业增长 13.8%，电子及通信设备制造业增长 15.6%，医疗仪器设备及仪器仪表制造业增长 12.2%，信息化学品制造业增长 10.8%，均明显高于规模以上工业增速。规模以上服务业企业调查结果显示，2017 年高技术服务业一直保持两位数增长，其中互联网信息服务业营业收入远高于规模以上服务业营业收入增速。

2017 年工业机器人产量增长 68.1%，民用无人机增长 67%，新能源汽车增长 51.1%，城市轨道车辆增长 40.1%，锂离子电池增长 31.3%，太阳能电池增长 30.6%，集成电路增长 18.2%。新产品产量呈高速增长态势，远超出传统产品产量增速。

2017 年全国网上零售额增长 32.2%，增速比上年加快 6.0 个百分点。其中，实物商品网上零售额增长 28.0%，非实物商品网上零售额增长 48.1%。

六、进出口总额扭转连续两年下降的局面

根据国家统计局数据，2017 年度进出口总额 277921 亿元，同比增长 14.2%，扭转了连续两年下降的局面。其中，出口 153318 亿元，同比增长 10.8%；进口 124603 亿元，同比增长 18.7%。进出口相抵，顺差 28716 亿元。其中，12 月份进出口总额 27065 亿元，同比增长 4.5%。其中，出口 15342 亿

元，同比增长 7.4%；进口 11722 亿元，同比增长 0.9%。

2017 年我国对“一带一路”沿线国家进出口 7.37 万亿元，同比增长 17.8%，高于我国整体外贸增速 3.6 个百分点，占我国外贸总值的 26.5%，其中出口 4.3 万亿元，同比增长 12.1%，进口 3.07 万亿元，同比增长 26.8%。

七、供给侧结构性改革推进深入，资源配置效率提高明显

2017 年“三去一降一补”政策推行效果显著，其中政府工作报告提出的钢铁去产能 5000 万吨左右、煤电去产能 1.5 亿吨以上，发电量去产能 5000 万千瓦任务已经完成。2017 年年末全国商品房待售面积比 2016 年年末减少了 1.1 亿平方米，商品房库存量持续下降。2017 年年末规模以上工业企业资产负债率为 55.5%，比 2016 年年末降低了 0.6 个百分点，工业企业杠杆率持续降低。2017 年规模以上工业企业每百元主营业务收入中的成本为 84.92 元，比 2016 年减少 0.25 元；每百元主营业务收入中的费用为 7.77 元，比 2016 年减少 0.20 元，企业单位成本费用继续下降。农业投资增长 16.4%，水利管理业投资增长 16.4%，生态保护和环境治理业投资增长 23.9%，卫生和社会工作投资增长 18.1%，均明显高于固定资产投资（不含农户）增速，短板领域投资保持快速增长。

总体来看，2017 年贯彻落实国民经济和社会发展计划，坚持以提高发展质量和效益为中心，以推进供给侧结构性改革为主线，统筹推进稳增长、促改革、调结构、惠民生、防风险各项工作，经济运行稳中有进、稳中向好、好于预期，全年经济社会发展主要目标任务完成较好，计划执行情况总体良好。着力创新和完善宏观调控，经济运行保持在合理区间。扎实开展经济监测预测预警，准确把握国内国际经济形势走势趋势变化。同时深入推进供给侧结构性改革，发展质量和效益不断提升。

表 1-2 为 2017 年全国宏观经济分月度数据。

表 1-2　2017 年全国宏观经济分月度数据

指标	1 月	2 月	3 月	4 月	5 月	6 月
工业增加值同比增长（%）	—	—	7.6	6.5	6.5	7.6
固定资产投资额（亿元）	—	41377.89	52399.17	50549.78	59391.43	76886.56
进口总额（亿美元）	131409245	129226647	156684253	141955685	150220190	153838330

续表

指标	1 月	2 月	3 月	4 月	5 月	6 月
同比增幅（%）	16.7	38.1	20.3	11.9	14.8	17.2
出口总额（亿美元）	182752414	120078967	180600668	179988316	191014115	196590894
同比增幅（%）	7.9	-1.3	16.4	8	8.7	11.3
社会消费品零售总额当期值（亿元）	—	—	27863.7	27278.5	29459.2	29807.6
社会消费品零售总额同比增长（%）	—	—	10.9	10.7	10.7	11
工业增加值同比增长（%）	6.4	6.0	6.6	6.2	6.1	6.2
固定资产投资额（亿元）	56804.66	56740.64	64328.05	59339.8	57239.07	56626.91
进口总额（亿美元）	146876295	157423163	169625750	150794685	177167943	177111682
同比增幅（%）	11.0	13.3	18.7	17.2	17.7	4.5
出口总额（亿美元）	193601151	199342432	198231216	188979730	217382015	231796372
同比增幅（%）	7.2	5.5	8.1	6.9	12.3	10.9
社会消费品零售总额当期值（亿元）	29609.8	30329.7	30870.3	34240.9	34108.2	34734.1
社会消费品零售总额同比增长（%）	10.4	10.1	10.3	10	10.2	9.4

数据来源：国家统计局

表 1-3 为“十三五”期间全国宏观经济分年度数据。

表 1-3　“十三五”期间全国宏观经济分年度数据

指标	2016 年	2017 年
国内生产总值（亿元）	743585.5	827122
城镇固定资产投资（亿元）	596500.75	631684
进出口总额（千美元）	3684925029	4104503850

续表

指标	2016 年	2017 年
社会消费品零售总额（亿元）	332316.3	366261.6
财政收入（亿元）	159552	172567.0

数据来源：国家统计局

1.2　2017 年中国建筑材料行业运行情况

1.2.1　2017 年建材工业经济运行特征

一、生产保持持续增长

2017 年，建材企业品类扩张加速，商业模式创新加快，品牌与营销出现新趋势。建材生产保持增长态势，行业增加值同比增长 3.6%，比前三个季度放缓 0.8 个百分点。2017 年房地产投资增速再次放缓，导致水泥需求下滑，水泥产量 23.2 亿吨，同比微降 0.2%；而玻璃加工出口等增长较弱，消费呈现出更加理性的态势，但是二、三线城市需求平稳，平板玻璃产量 7.9 亿重量箱，同比增长 3.5%。整木定制产量同比增长最高，石膏板、晾衣架紧随其后。陶瓷市场由于开窑率低与复产难，北方大面积停产，产能及产品供应严重不足，大量当地贴牌商或合作商纷纷转战湖北、江西、广东等南方产区，这在一定程度上刺激了南方产区销售的火爆。饰纸和饰面板产量仍保持高速增长的态势。同时，主流装饰纸企业产能得到更多释放，部分企业改造或新建生产线，企业规模进一步扩大。2017 年，建材工业认真落实党中央、国务院的决策部署，加快推进供给侧结构性改革，大力化解过剩产能，深入推动联合重组，精准实施错峰生产。同时随着环保力度的加强，部分环保指标未达标的中小型企业被关停，但龙头企业凭借其在资金和技术方面的优势，在产品规模和结构上将做大做强。传统家居装饰材料在去产能、调结构方面投入持续增加；新兴领域的产品消费（如智能、高级定制等）关注度持续提升，从一定程度上体现出未来消费潮流。

二、价格水平大幅回升

2017 年全年建材产品均价同比上涨 8.2%，扭转连续两年下降趋势，各产业链表现较为均衡，行业产品价格都呈现平稳上升趋势，但也要看到门窗、建筑遮阳、晾衣架、集成吊顶、墙纸墙布、建筑涂料都是以智能产品或新品带动价格变化。由于全国大范围执行错峰生产，熟料和水泥库存一直保持相对偏低水平，部分企业出现空库现象，为水泥和熟料涨价奠定了基础。从数据上来看，水泥价格涨幅明显，12 月当月水泥出厂均价 384 元/吨，同比上涨 26%。玻璃市场以盘整为主，平板玻璃价格稳中有升，9 月份以来连续上涨，12 月当月出厂均价同比上涨 8.5%。由于受环保督查力度加强、限产限停和安全生产等因素的影响，原料的供应成本增加。

三、经济效益明显好转

2017 年建材行业主营业务收入 7.5 万亿元，同比增长 8%；实现利润 5173 亿元，同比增长 17%；销售利润率 6.9%，高于整个行业 0.4 个百分点。建材行业资产负债率 50.6%，同比降低 1.2 个百分点；亏损企业亏损总额 271 亿元，同比减亏 24%。水泥行业营收攀上高位达 9150 亿元，同比增长 18%；利润 877 亿元，同比增长 94%。平板玻璃行业营收 759 亿元，同比增长 20%；利润 93 亿元，同比增长 81%。混凝土与水泥制品、卫生陶瓷制品、技术玻璃、玻璃纤维及制品、非金属矿制品等行业效益也均表现良好。建材企业借助资本的力量，努力布局，通过并购整合、扩张规模、延长产业链，从单一产品生产，向产品多元化、全屋定制方向发展。高颜值、个性化产品，功能环保型、集合型产品，以及有较好体验度的智能产品受到市场青睐。同时二手房家装市场渐渐火爆，已有住房再次装修比例的上升，给建材市场也带来稳定因素。加上国内市场传统装修旺季与促销活动的叠加，销售淡季旺季边界模糊。在市场需求继续放缓的情况下，经济效益明显改善，产业结构持续优化，经济运行稳中向好。

四、出口同比有所下降

2017 年建材商品出口额 306 亿美元，同比下降 1.3%，全年出口离岸均价同比下降 52%。主要出口商品中，建筑卫生陶瓷出口量同比下降 3.1%，金额增长 1.8%；建筑与技术玻璃出口量同比增长 2.9%，金额下降 1.5%；建筑用石出口量同比基本持平，金额下降 17%；玻璃纤维及制品出口情况较好，出口量和金额同比分别增长 10% 和 9.2%。

1.2.2　2017 年建材工业存在的矛盾及问题

一、产能过剩矛盾尚未根本解决

2017 年建材行业增速呈现趋缓态势，大部分过剩产能只是暂时关停，一旦市场形势好转随时可能恢复生产。目前产能过剩矛盾没有根本解决，行业运行存在下行风险。例如，水泥 2500 吨/日及以下的熟料产能占比达到 30% 以上，能耗、排放水平明显落后于大型新型干法生产线，竞争乏力，投资效应无法有效传导到价值创造环节。目前虽然通过行业自律、错峰生产、提高环保要求等措施缓解建材主要产业产能过剩造成的市场压力，但这只是对产量的压减，对产能减少并没有发挥直接作用。因此，只有有效推进供给侧结构性改革，使产能发挥率达到合理空间，实现市场供需的良性动态平衡，才能为建材行业固定资产投资提供有效空间。在目前行业下滑压力不断积聚的形势下，更需要政府、协会、企业的协同和主动作为，以确保去产能、调结构的有序、有效、有用，进一步以市场化、法治化方式推动这部分产能加快退出。

二、行业经济运行下行压力持续加大，产业转型升级放缓

2017 年，建材行业在推进供给侧结构性改革过程中呈现出了新业态、新趋势、新特征。随着全国固定资产投资低位趋稳，以及满足基础建设快速增长而配套形成的产业规模过剩问题不断积聚，2017 年建材行业主营业务收入增速下降，建材行业投资首度出现了负增长。2017 年全国固定资产投资同比增长 7.2%，房地产、交通运输、水利、公共设施等基建领域投资增速均出现不同程度回落，固定资产投资对水泥等建材产品需求拉动减弱。2017 年建材行业完成固定资产投资 1.55 万亿元，同比首次出现下降（下降 1.7%），建材产业固定资产投资的下降不仅是传统基础材料产业投资下降，加工制品业投资增速也明显放缓。在细分行业中只有混凝土和水泥制品、纤维及复合材料、建筑卫生陶瓷保持增长，短期内将使行业经济运行下行压力持续加大，产业转型升级放缓；同时由于长期没有将新技术、新设备用于生产活动，也不利于全要素生产率的提高，建材新兴产业培育和传统产业提升改造后劲不足。

三、生产要素价格上涨，外部约束日益趋紧

2017 年以来，煤炭、天然气、纯碱等大宗燃原料价格上涨明显，公路运输治超推高物流成本，环保督查力度加大，建材企业为实现达标排放，必须要增加投入进行节能减排等专项技术改造，从而增大了企业的运营压力。在激烈市场竞争中，龙头公司在自身管理和成本控制方面优势更为明显，同时也能够为消费者提供更好的产品体验。市场标准越来越规范和透明，龙头企业会占有更大的生存空间。

未来，随着地产企业的整合与集中度提升，建材行业也将迎来结构升级，行业集中度也将随之提升。随着建材行业转向投资与消费共同驱动、转向高端发展和存量市场的优化，建材行业固定资产投资将更多地转向培育和拓展新的

需求。首先是环保化转型，如水泥窑协同处置。其次为满足人民日益增长的物质需求的家居建材产品。建材产品呈现高端化、智能化、环保化、人性化转型，如低辐射节能玻璃、智能马桶盖等，带动建筑卫生陶瓷产品附加值的明显提升，促使居住环境的不断改善将成为建材产业优化存量市场的主要方向。

1.3　2017 年中国预拌砂浆行业运行情况

1.3.1　2017 年预拌砂浆行业运行现状

2017 年全国预拌砂浆总产量约 13270 万吨，较 2016 年同比增长 17.6%。其中，普通干混砂浆产量约为 10120.6 万吨，较 2016 年同比增长 15.3%（图 1-2）。

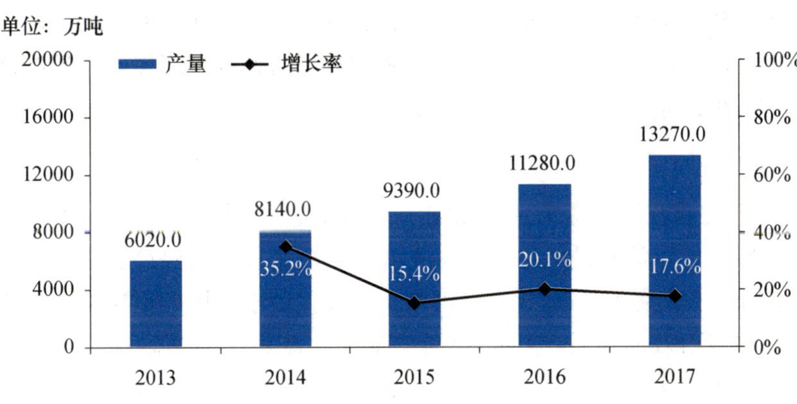

图 1-2　2013—2017 年中国预拌砂浆产量

随着国家及地方政府节能减排政策的贯彻落实，以及对预拌砂浆的大力支持和推广，预拌砂浆近年来发展迅速。由目前预拌混凝土的大规模应用可以展望预拌砂浆的发展前景。无论是新建建筑还是改造翻新建筑，预拌砂浆都是其中不可或缺的重要组成部分，更能大幅降低建筑的二次施工率，在不断提高人们居住环境舒适度的同时，对降低建筑耗能总量、节约能源、保护环境也有着十分重要的意义。

一、普通干混及湿拌砂浆运行现状

干混砂浆从 20 世纪 50 年代欧洲建筑市场发展起来，目前德国、奥地利、芬兰等国家已将干混砂浆作为主要的砂浆材料。新加坡、日本、韩国等国家的干混砂浆发展十分迅速。目前我国干混砂浆发展也较为迅速，其中，发展较快的地区主要集中在北京、上海、广东以及香港等经济发达地区，除此之外，江苏、天津、厦门等地区发展也较为快速。随着预拌混凝土生产企业的转型、应用技术行业标准不断完善以及建筑工程应用经验的积累，产品应用将更加普及。

随着建筑施工技术的发展，湿拌砂浆作为一种新型绿色建材受到业内广泛关注，发展日趋成熟，在我国已初具规模。现阶段全国已有 20 多个省市在生产湿拌砂浆，近年来整体需求增长较快，其中北京、天津、河北、山西、山东、河南、湖北等省市年均增长均超过 100%。

湿拌砂浆的发展将是预拌砂浆行业实现供给侧结构性改革的一次机遇，并将成为推动我国预拌砂浆行业快速发展的生力军。生产湿拌砂浆较干混砂浆而言，可节约成本 5% ~10%，具有较大的市场竞争优势。此外，湿拌砂浆企业应关注天然砂资源匮乏、工地存储等问题，继续完善一体化的生产、施工整体解决方案。随着湿拌砂浆技术的不断完善和技术瓶颈的不断突破，湿拌砂浆将更加适应发展需求。

二、特种砂浆运行现状

2017 年随着我国环保力度的加强，预拌砂浆市场产生重大变动。在北方地区的采暖期，京津冀地区空气质量下降，建材企业一度停产、限产。相关强制政策的出台，导致砂浆企业生存艰难，对预拌砂浆发展的迅猛势头产生一定遏制。一些省市政府执行严厉的现场“禁现”政策，加之砂浆企业少，行业整体产品供不应求，部分龙头砂浆企业获得了更好的经济效益。

从全国范围来看，预拌砂浆发展极其不平衡。相对来讲，东部沿海地区、南方地区发展较快，而西部地区、北部地区发展比较慢；根本上说，经济发达地区发展较快，经济落后地区发展较慢。发展较快的地区，由于新增砂浆企业过多，预拌砂浆供大于求，企业为了降低成本，购入廉价原材料，砂浆质量得不到保证，容易造成砂浆销售的恶性竞争，因此砂浆价格急剧下降，部分砂浆企业出现亏损，盈利企业屈指可数。西部地区，即便没有出现“禁现”，但多数企业生产不正规，导致市场乱象丛生。山东预拌砂浆发展速度较快，对机制砂应用技术比较成熟，而其他省份机制砂技术就不太成熟。由于地区发展不平衡，地区之间砂浆技术差距较大。

在我国环保问题越发突出的情况下，特种砂浆作为一种绿色环保的建材产品得到了国家的重视和发展。积极应对挑战，依靠转型升级使企业主动走上转型升级之路，以瓷砖粘结剂为代表的腻子、防水砂浆、填缝料、自流平等装修用特种砂浆产品实现了高速发展。

我国特种砂浆出现于 20 世纪 90 年代，与普通砂浆相比，特种砂浆种类多、技术含量高、市场容量小、售价高。经过近 30 年的发展，我国目前出现的特种砂浆不少于 10 个系列，有 100 多个产品，常用的产品系列有外墙保温配套砂浆、饰面砖配套砂浆、粉刷石膏、腻子、防水砂浆、自流平砂浆和灌浆料等流平性砂浆等。

我国特种砂浆自 2009 年年产量突破 100 万吨后，特种砂浆产量在逐年递增。未来，越来越多的工程中将选用特种砂浆作为主要施工材料，在旧房翻新、家庭装修等市场，特种砂浆的应用也将越来越成熟。总体来看，未来特种砂浆在预拌砂浆中所占比例将持续提升。从区域来看，我国经济发展较快的长江三角洲、珠江三角洲和环渤海地区仍然是特种砂浆发展最快的三个区域，80% 以上的特种砂浆企业都集中在此。

外墙外保温配套砂浆、陶瓷砖粘结配套砂浆、防水砂浆、自流平系列砂浆、抹灰石膏砂浆、灌浆料及腻子是现阶段特种砂浆的重要组成部分。

（一）外墙保温系统配套砂浆运行现状

据统计，2017 年我国外墙保温配套砂浆产量约为 530 万吨，较 2016 年 550 万吨的产量略有下降，主要原因有三点：①多地爆出薄抹灰外墙外保温系统开裂脱落的新闻，对行业声誉带来恶劣影响；②保温装饰一体化板对薄抹灰外墙外保温系统的替代性竞争；③环保风暴导致环保措施不到位的企业停业整顿。

外墙保温未来的发展趋势：第一，建筑节能设计与验收标准持续提高。近年来，随着产品技术的日新月异与行业的蓬勃发展，产品在满足市场需求的环境下，产品技术不断推陈出新，性能在原有基础上不断提升，原标准内容的代表性与先进性逐渐弱化。岩棉、玻璃棉、聚氨酯、挤塑板等外墙外保温产品结合行业现状、企业生产、市场及用户关心的主要需求后，均作了修改，对顺应当前国家建筑保温政策、提升行业整体产品质量水平、促进行业健康有序发展都有着积极的推动作用。第二，既有建筑节能改造“十三五”时期，建筑节能标准加快更新，城镇新建建筑中绿色建筑推广比例大幅提高，既有建筑节能改造有序推进，可再生能源建筑应用规模逐步扩大，农村建筑节能实现新突破，使我国建筑总体能耗强度持续下降，建筑能源消费结构逐步改善，建筑领域绿色发展水平明显提高。到 2020 年，城镇新建建筑能效水平比 2015 年提升 20%。城镇新建建筑中绿色建筑面积比重超过 50%，绿色建材应用比重超过 40%。我国完成既有居住建筑节能改造面积 5 亿平方米以上，公共建筑节能改造 1 亿平方米，全国城镇既有居住建筑中节能建筑所占比例超过 60%。第三，装配式建筑比例快速提升，自 2017 年年初开始，大力发展“装配式与被动式建筑”多次出现在中央文件中，2017 年 2 月，《中共中央 国务院关于进一步加强城市规划建设管理工作的若干意见》明确提出，力争用 10 年左右时间，使装配式与被动式建筑占新建建筑的比例达到 30%，这是首次在国家文件中明确发展装配式与被动式建筑。装配式建筑强调的是施工过程中的技术手段，代表了建筑工业化的较高水平。它作为建造方式的重大变革，对于节约资源、减少施工污染、提升劳动生产率和质量安全水平、促进建筑与信息工业化深度融合、培育新产业新动能、推动化解过剩产能具有重大意义。现代建筑的外墙保温装饰一体板可以完美地与预制 PC 板施工安装，大大减少了施工难度和后期维护难度。在这一点上，DPX 外墙保温装饰一体板一直服务于建筑外墙保温装饰板与装配式建筑的合体安装施工策略。

（二）陶瓷砖粘结配套砂浆运行现状

与欧洲、美国、日本等建筑业高度发达的国家和地区相比，我国瓷砖粘结剂行业发展起步较晚，在发达国家，瓷砖粘结剂技术已经在建筑中得到广泛应用，产品达到几百种，基本取代了传统技术。中国作为全球最大的瓷砖生产者与使用者，随着市场发展瓷砖粘结剂已逐步被消费者所接受，其需求在巨大的市场容量的支持推动下迅猛增长。2017 年消费量达到 804. 7 万吨，较 2016 年同比增长 24. 6%。2013—2017 年瓷砖粘结剂复合增速为 23. 2%。

（三）防水砂浆运行现状

据中国建筑防水协会统计，2016 年防水涂料产量约 51589 万平方米，同比上年增长 8. 6%。受工程和家装市场拉动，2017 年聚合物水泥防水涂料仍保持较快增长。据了解，聚合物水泥类防水涂料约占防水涂料的 36%，按照每平方米聚合物水泥类防水涂料用量约为 1 千克计算，2016 年用量约 18. 6 万吨。

随着建筑渗漏率的不断攀升、防水维修市场的壮大，聚合物水泥防水砂浆和水泥基渗透结晶型防水涂料作为堵漏材料的防水抹灰层，其应用量将逐渐攀升。国家质检总局、工信部等相关部门对建筑材料、防水材料的管控力度逐渐加大，地方政府部门也出台了相关政策规范防水材料生产及施工市场。

（四）自流平系列砂浆运行现状

地面自流平主要包括无机材料自流平和高分子材料自流平。无机材料自流平包括水泥基地面自流平砂浆和石膏基地面自流平砂浆；高分子材料自流平包括环氧树脂地面自流平和聚氨酯地面自流平。

自流平砂浆是砂浆产品中科技含量较高、技术环节也比较复杂的高新绿色产品。未来自流平砂浆行业仍将保持快速发展，以耐磨、耐脏污且具有良好装饰效果的高端面层自流平砂浆产品和具有良好施工性能和体积稳定性、可用于厚层的低成本找平层砂浆产品开发，将是未来自流平砂浆产品发展的趋势。我国将陆续进入二次装饰装修需求释放阶段，二次装修的市场空间巨大，保守估计，自流平砂浆的潜在市场容量将超过 25 亿平方米。

现阶段我国自流平砂浆产品以水泥基自流平砂浆为主，在欧洲，尤其是德国，普遍使用的石膏基自流平砂浆在我国处于刚刚起步阶段，随着国内超高强石膏产能提升和成本下降以及硬石膏基自流平砂浆产品技术的不断完善，石背基自流平砂浆有望进入快速发展期。

近年来我国自流平砂浆市场发展迅猛，主要原因是：第一，地面材料如地板、地砖尺寸越来越大，在提升装饰效果的同时对地面的平整度提出了更高的要求。传统的地面材料，混凝土、地面砂浆，要达到一定要求，施工难度增大；第二，人工成本越来越高，能够提高效率，缩短工期，减少工人的劳动强度的自流平砂浆受到市场青睐；第三，商场、地下停车场等大空间防火等级要求提高，环氧树脂或聚氨酯自流平无法满足要求，为高性能自流平砂浆开辟了市场；第四，个性化需求增多，调色、抛光自流平砂浆具有丰富的质感，被越来越多的设计师和客户所接受：第五，自流平砂浆以无机材料为主，环保无污染，是用户选择的一个重要原因。

（五）抹灰石膏砂浆运行现状

2016—2017 年上半年抹灰石膏行业增量明显，2016 年抹灰石膏产量已超 400 万吨。底层抹灰石膏市场均价为 350 ~ 450 元/吨，机喷底层抹灰石膏市场均价为 500 ~ 650 元/吨，轻质底层抹灰石膏市场均价为 800 ~ 1500 元/吨。

自 2016 年中国建筑材料协会标准《机喷抹灰石膏应用技术规程》（CBMF 10—2016）实施以来，越来越多的开发商、施工单位、生产企业青睐抹灰石膏产品，其应用区域也从北京及上海、江苏等华东地区逐渐向全国辐射，华南、西南及西北等部分省市也开始投资新建抹灰石膏生产线，配套相应的施工设备，并在当地的万科、绿地等大型项目工程中应用抹灰石膏，预计未来五年抹灰石膏的用量将每年保持 10% 以上的增长率。

随着抹灰石膏行业的快速发展，大规模施工带来的工程质量问题日益突出，常见的质量问题有空鼓、起粉、开裂，近两年来抹灰石膏中杂质引起的泛黄、结晶等问题也越来越多，这些问题对行业发展带来一定影响，因此尚需对石膏原料进行严格质量把控、对施工技术进行规范要求、对生产施工企业加强培训，以促进行业健康良好地发展。

1.3.2　影响预拌砂浆产业发展的有关问题

我国预拌砂浆产业的发展，由于建筑工程体量大、类型多，各地气候、资源条件差别大，应用技术及质量标准相对滞后和质量监控及管理松懈等客观因素，照搬国外的发展模式不能满足中国特色的发展需求。目前我国预拌砂浆产业发展仍存在诸多制约因素。

（1）禁止建筑工地现场搅拌砂浆的政策在部分城市和地区落实不到位，主要是有关政府或职能部门引导和监管措施不力，致使全国各地预拌砂浆产业发展极不平衡。一方面是一些地区产业布局过于集中造成产能过剩引起过度竞争；另一方面是一些地区仍无预拌砂浆生产企业，使“禁现”政策无法落实。

（2）预拌砂浆产品与现场拌制砂浆增值税相同，仍为 17%，在无税率优惠情况下加大了预拌砂浆推广的难度。

（3）预拌砂浆机械化施工技术难题尚未根本解决，预拌砂浆产品质量优势和高效率施工等经济效益难以充分体现，现阶段建筑施工企业对使用预拌砂浆产品仍有所抵触。

1.4 中国建筑陶瓷行业运行情况

1.4.1 2017 年中国建筑陶瓷产量情况

根据中国陶瓷砖产量数据，从图 1-3 可以看出，2015 年建筑陶瓷产量首次出现了负增长，2016 年有所回升但形势并未有所好转，2017 年我国陶瓷砖产量再次下降。

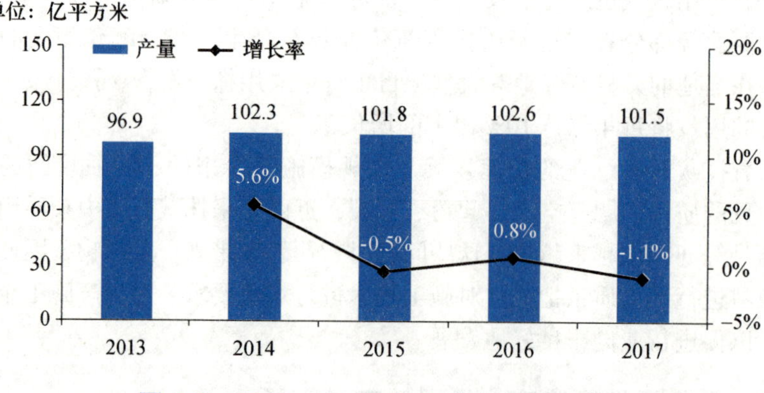

图 1-3　2013—2017 年中国陶瓷砖产量

从行业企业运营表现来看，2017 年全国总计 1402 家规模以上建筑陶瓷企业，主营业务收入 4163 亿元，利润 265 亿元；销售利润率为 6.4%，相比 2016 年减少 0.6 个百分点。其中：出口陶瓷砖 8.21 亿平方米，同比下降 23.6%；出口额 44.26 亿美元，减少 20%（表 1-4）。

表 1-4　2013—2017 年建筑陶瓷发展情况

年份	企业数量（个）	主营业务收入（亿元）	销售利润率（%）
2013 年	1463	3967	7.6%
2014 年	1434	4400	6.7%
2015 年	1472	4802	6.8%
2016 年	1504	5216	7.0%
2017 年	1402	4163	6.4%

从区域建陶产量来看，全国各建陶产区中，2017 年陶瓷砖产量排名前 14 的省级地区依次为广东、福建、江西、四川、山东、广西、河南、湖北、辽宁、陕西、河北、山西、湖南、云南（表 1-5）。到目前为止，在国内形成集群的建筑陶瓷生产基地包括：佛山地区（包括珠三角地区）、江西宜春（高安、丰城、上高）、江西景德镇、福建晋江、福建闽清、山东淄博、山东临沂、辽宁法库、四川夹江、河北高邑、广西藤县等，具有一定规模的陶瓷工业园区有 80 多个，产业生产基地几乎遍布全国。

表 1-5　2017 年各地区陶瓷砖产量

序号	省份	产量（万平方米）
1	广东	270342
2	福建	144037
3	江西	113527
4	四川	78760
5	山东	77718
6	广西	59334
7	河南	50305
8	湖北	37677
9	辽宁	33294
10	陕西	28254
11	河北	26250
12	山西	17200

续表

序号	省份	产量（万平方米）
13	湖南	17120
14	云南	14977

2017 年之后，市场需求并没有明显上升。由于北方的陶瓷产区受环保整治的影响，2017 年上半年关停了大批企业和生产线，例如，山东被责令整改的陶瓷企业就有 135 家，共计 207 条生产线，占山东产能的 60%。此外四川、河北、山西、辽宁等地也有不少企业关停或限产。到 2017 年下半年，山东、四川、江西等产区完成整改的企业才陆续复产。

1.4.2　2017 年中国建筑陶瓷行业主要特征

一、建筑陶瓷制品种类丰富，下游应用广泛

陶瓷根据其用途不同分为日用陶瓷、卫生陶瓷、建筑陶瓷、艺术陶瓷等。建筑陶瓷指用于建筑物内、外墙及地面装饰或耐酸腐蚀的陶瓷材料。建筑陶瓷中绝大部分为陶瓷砖。陶瓷砖是以耐火的金属氧化物及半金属氧化物，经由研磨、混合、压制、施釉、烧结而成。

建筑陶瓷行业的上游主要有泥沙料、化工料、色釉料等原料开采及加工行业，电力、煤炭、柴油等能源行业，陶瓷生产设备制造行业；下游行业主要包括住宅和公共建筑。公共建筑又分为城市轨道、商业中心、科教场馆、隧道工程、酒店、办公楼和体育馆等。

陶瓷砖按吸水率不同可分为瓷质砖、半瓷质砖和陶质砖。瓷质砖的吸水率小于等于 0.5%；半瓷质砖吸水率为 0.5% ~10%，包含炻瓷质、细炻质、炻质砖，吸水率逐渐增大；陶质砖吸水率大于 10%。

陶瓷砖按工艺不同可分为抛光砖、抛釉砖、抛晶砖、仿古砖、瓷片和微晶石等。不同的陶瓷砖在工艺特点和吸水率等方面存在差异，其所对应的应用场所也有所不同。在防滑和抗污性能上，仿古砖 > 抛釉砖 > 抛光砖；在耐磨性上，仿古砖 > 抛光砖 > 抛釉砖；在光泽度上，抛釉砖和抛光砖则明显胜过仿古砖。

2017 年，现代仿古砖、抛釉砖、抛光砖、马赛克等系列产品的关注度较为火热，消费者市场趋于理性，传统的抛光砖、仿古砖、抛釉砖等产品依然是市场上的主要盈利产品。

二、行业集中度低、格局高度分散

行业集中度低、高度分散的格局不利于行业的持续发展，随着国内经济进入新常态，建筑陶瓷行业的结构调整已成为明显趋势。近年来，行业内一些缺少自主品牌、渠道建设落后、技术创新能力薄弱的企业在激烈的市场竞争中逐步被淘汰。

随着行业竞争加剧，以东鹏、诺贝尔等为代表，定位高端市场的高品质建筑陶瓷企业，主要的突出特点为追求产品品质、注重个性化需求、跟随潮流、产品定价高，因此对企业新产品的研发能力、产能的先进性、新产品推广能力以及品牌知名度均有较高的要求，从而使高品质建筑陶瓷市场集中度相对较高。

高品质建筑陶瓷生产企业更加注重适应市场变化，提升产品附加值。与行业其他企业相比，在研发、生产、品牌和渠道上存在着较多差异。

三、陶瓷砖产量与房屋竣工面积相关性较高

由于瓷砖简单大方且容易清理和保养，因而被广泛用在房屋及公共建筑的地面、内墙面和外立面的装修中。因此陶瓷砖产量增速与房屋竣工面积增速呈现高度相关性：2012—2016 年，全社会房屋竣工面积从 33.55 亿平方米下降到 31.21 亿平方米，其中，2016 年住宅房屋竣工面积 17.15 亿平方米，同比下降 4.6%；商品住宅房屋竣工面积 7.72 亿平方米，同比上涨 4.6%。

四、薄型化产品发展迅速

2009 年，薄型化建筑陶瓷产品的国家标准《陶瓷板》（GB/T 23266—2009）发布实施，标志着我国薄型化建筑陶瓷产品开始拥有了成熟的制造、检验标准。同年，《建筑陶瓷薄板应用技术规程》（JGJ/T 172—2009）发布实施，为薄型化建筑陶瓷产品进入新的应用领域铺平了道路。2012 年，《建筑陶瓷薄板应用技术规程》（JGJ/T 172—2012）发布并替代了 JGJ/T 172—2009。2013 年，《薄型陶瓷砖》（JC/T 2195—2013）发布实施，更多企业开始研究薄型化产品的生产、应用技术，加快了薄型化产品的推广。在各企业的推动下，陶瓷薄板、陶瓷薄砖等薄型化产品成功进入工程项目，而且突破了建筑陶瓷的传统应用领域，进入幕墙工程、户外/室内创意立面装饰等新的应用领域。

近年来，中国房地产业获得了空前发展，围绕房地产伴生的建筑墙、地瓷砖市场也快速发展，陶瓷生产工艺和技术持续提升，瓷砖市场个性化产品突出，产品发展开始趋向高端。而中国陶瓷企业在瞄准高端市场，强调调整产品结构和提高产品附加值的同时，还兼顾行业的整体利益，通过努力提高产品技术含量、加大自主创新、培育自主品牌等措施，推动行业实现可持续发展。

此外，随着基础设施改造、居民住房建设投资的日益增加，伴随国内生产总值 GDP 稳步增长，普通民众的收入也不断增加且开始注重住宅装饰，陶瓷砖等建材商品需求日益上升，中高端陶瓷砖产品需求不断扩大，未来陶瓷砖市场发展前景广阔。

第 2 章　中国瓷砖粘贴行业发展情况

2.1　瓷砖粘贴产业概况

瓷砖粘贴产业经过几十年的发展，目前产业链可以整体划分为需求市场、生产及施工市场、终端市场三部分。其中，需求市场以房地产商、瓷砖生产销售商为代表；生产及施工市场以粘贴材料原材料商、粘贴材料生产销售商、建筑装饰装修公司为代表；终端市场主要是以施工工人和终端业主为代表。

2018 年 3 月，由中国陶瓷工业协会瓷砖粘贴技术专业委员会牵头组织的《关于中国瓷砖粘贴行业现状与趋势》的系统调查工作正式展开，在专委会及协会相关会员单位的共同努力下，研究团队通过专家访谈、市场走访、企业访谈、消费者调研，对国内瓷砖粘贴行业进行了系统的研究和梳理。在研究过程中发现：在需求市场，代表企业对施工效率和效果的关注度逐步提升，进而带动了对瓷砖粘结剂及规范施工的需求增长。在生产及施工市场，瓷砖粘结剂产品及施工标准日趋规范，但自主研发能力有待提升。随着行业竞争和整合加剧，市场开始从一、二线城市向三、四线城市下沉。在终端市场，新型瓷砖及材料的使用需求更加多样化，对瓷砖粘结剂认知度有了一定提升，但价格和认知仍是制约终端用户选购的重要因素。

2.1.1　瓷砖粘贴技术发展历程

随着人们对建筑装饰效果的需求不断提升，以陶瓷、文化石、玻化砖等人造和天然石材为代表的建筑材料得到了大面积的使用，促使了现代瓷砖的生产工艺得到不断的更新和改进，强度更高、耐磨性更好、尺寸更大、吸水率更低成为瓷砖材料的发展趋势。此外，国家对节能减排、低碳环保的要求，也使得众多新型墙体材料不断涌现，采用传统的水泥砂浆及铺贴工艺已经不能满足不同基材、瓷砖的粘贴需求，市场对新型粘结材料及铺贴工艺的需求日益增长。

“薄层技术”最早出现在 20 世纪 30 年代末，应用区域以欧美国家为主。

初期采用薄层灰泥，随后出现了以天然树脂为主要成分的粘结剂产品，但安装效果并不令人十分满意。第二次世界大战后，新型合成聚合物得到广泛使用。直到 1958 年，德国研制成功可再分散乳胶粉，促使聚合物改性预制和预包装干混砂浆得到广泛的推广和应用，也大幅提升了“薄层技术”的施工效果和安装质量。

1977 年和 1979 年，德国首次颁布了 DIN 18156/1《稀灰浆工艺中陶瓷衬砌用材料．概念和基础》标准（英文：*Materials for ceramic linings by thin mortar bed technique*；*fundamentals*）和 DIN 18157/1《采用稀灰浆垫料工艺制作陶瓷衬里 第 1 部分：液压灰浆》标准（英文：*Execution of ceramic linings by thin mortar bed technique*；*hydraulic mortar*），对薄层瓷砖粘结剂及使用方法进行了规范。

到 20 世纪 90 年代末，欧洲 90% 以上的水泥瓷砖粘结剂均为干混砂浆，欧美已铺贴的瓷砖 90% 以上采用“薄层技术”。

相比传统“厚层技术”，“薄层技术”的优点在于：瓷砖粘贴工艺快捷而精确，瓷砖粘结剂用量少，能显著地改善综合性能。尤其是在现场施工操作中和预制结构方面，使用瓷砖粘结剂的“薄层技术”所带来的工作效率远比传统水泥砂浆更高效、更优异，并使得瓷砖能再度应用于建筑外墙。同时，薄层砂浆混合剂和聚合物以干混料形式供货，纸质包装更环保。

瓷砖粘结剂的发展历程详见表 2-1。

表 2-1 瓷砖粘结剂的发展历程

时间	历程
19 世纪末	欧洲发明干拌砂浆
20 世纪 30 年代末	欧美地区出现薄层灰泥涂抹技术
20 世纪 40 年代	天然树脂改性的瓷砖粘结剂出现于欧美市场
二战以后	德国和瑞士首先用聚合物改性瓷砖粘结剂，采用“薄层粘贴法”粘贴瓷砖、马赛克
20 世纪 60 年代	聚合物胶粉出现并得以应用，成为现代瓷砖粘结剂发展的里程碑
20 世纪 70、80 年代	添加聚合物胶粉的现代瓷砖粘结剂在欧美地区得以广泛应用
20 世纪 90 年代	瓷砖粘结剂在亚太地区得以应用并开始进入中国，1994 年国家建材工业局颁布了《陶瓷墙地砖胶粘剂》（JC/T 547—1994）
2001 年	欧洲瓷砖粘结剂的新标准 EN12004—2001 出台
2005 年	陶瓷墙地砖胶粘剂行业标准《陶瓷墙地砖胶粘剂》（JC/T 547—2005）颁布实施

续表

时间	历程
2006 年	陶瓷墙地砖填缝剂行业标准《陶瓷墙地砖填缝剂》（JC/T 1004—2005）颁布实施
2008 年 12 月	中国瓷砖粘结剂行业第一个专门的行业组织“中国陶瓷工业协会瓷砖粘贴技术专业委员会”成立
2017 年 10 月	《陶瓷砖胶粘剂》（JC/T 547—2017）颁布实施
2018 年 1 月	《陶瓷砖填缝剂》（JC/T 1004—2017）颁布实施
2018 年 5 月	《陶瓷饰面砖粘贴应用技术规程》（T/CECS 504—2018）颁布实施

2. 1. 2　瓷砖粘贴产业链结构

随着瓷砖材料在建筑装饰装修中的广泛应用，瓷砖粘贴成为建筑装饰装修中的一个重要环节。瓷砖粘贴的最终效果与粘贴的基层情况、瓷砖类型、粘贴工艺、粘贴材料、施工规范性等紧密相关，因此其本身也是一个系统工程。

如图 2-1 所示，从瓷砖粘贴工程涉及的主要环节来看，整体可分为工艺方案选择、方案实施及现场管理、项目验收交付三个环节。

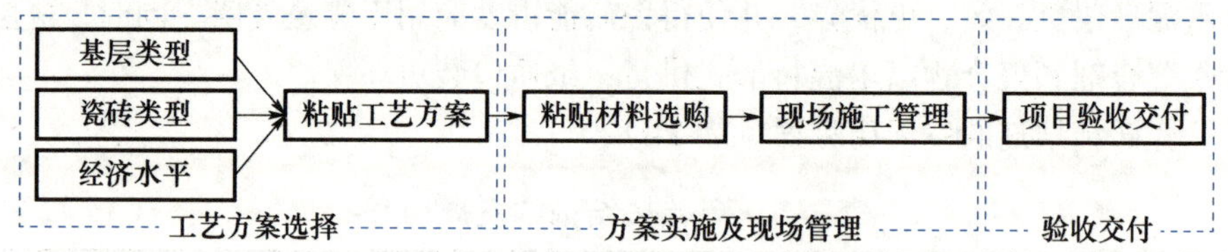

图 2-1　瓷砖粘贴工程的主要环节

上述环节涉及房地产商、瓷砖生产销售商、建筑装饰装修公司、终端业主、粘贴材料生产及销售商等诸多利益相关者。其中：

在工艺方案选择环节，建筑物基层类型、房地产商或业主选购的瓷砖类型及其经济水平，会影响建筑装饰装修公司的建议方案，并最终决定了采用何种粘贴工艺方案。如普通轻型砖、釉面砖通常采用“厚层技术”选择水泥砂浆为粘贴材料；低吸水率的玻化砖等通常采用“薄层技术”选择瓷砖粘结剂为粘贴材料。

在方案实施及现场管理环节，房地产商或业主的经济水平，粘贴材料的质量、价格及品牌知名度，建筑装饰装修公司的采购建议及其现场施工水平，决定了最终选购瓷砖粘贴材料的品牌、型号及施工效果。

在验收交付环节，建筑物基层状况、瓷砖品质、粘贴材料品质和建筑装饰装修公司的现场施工及管理水平，决定了最终的项目质量和业主满意度。

如图 2-2 所示，按利益相关者在瓷砖粘贴工程中所扮演的角色来划分，瓷砖粘贴产业链可以分为：需求市场、生产及施工市场、终端市场三部分。

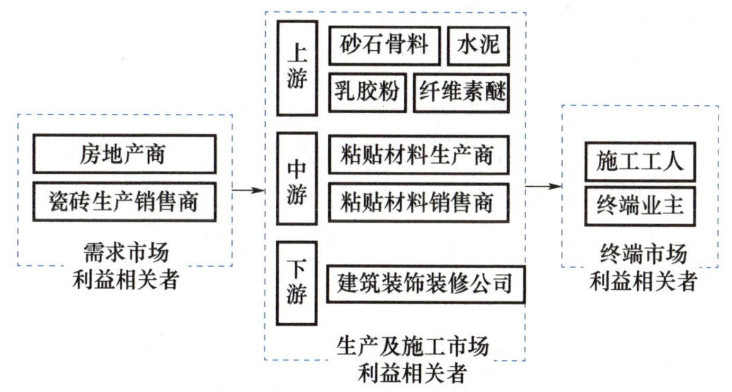

图 2-2　瓷砖粘贴产业链及主要利益相关者

由于各部分利益相关者所处的产业链环节不同，对瓷砖粘贴材料行业的影响程度和需求也不同。具体来看：

一、需求市场

主要涉及房地产商、瓷砖生产销售商两大类。

（1）房地产商是房屋及建筑物的开发者，也是瓷砖粘贴最初的需求和影响者。例如，建设规模、房屋及建筑物的档次定位、墙地面材质及建设质量、初始装修程度，不仅会影响瓷砖的需求类型、需求量，也影响粘贴材料的需求类型和需求量。

（2）瓷砖生产销售商中，定位高端市场的陶瓷厂不仅注重瓷砖本身的品质，也关注瓷砖粘贴的整体效果，因此相比定位中端和低端市场的陶瓷厂，更希望采用瓷砖粘结剂进行瓷砖粘贴，在提升瓷砖粘贴效果的同时又能提高自身的品牌形象。而对于瓷砖销售商而言，维护自身利益是首要原则，他们既希望通过搭配销售增加利润来源，又对可能带来的施工风险持有较多的顾虑。

二、生产及施工市场

主要涉及上游原材料商、中游粘贴材料生产销售商、下游建筑装饰装修公司三类。

（1）上游原材料商，主要涉及砂石骨料、水泥、乳胶粉、纤维素醚等关键原材料的生产及销售企业。近几年随着建筑行业去产能、调结构政策的实施以及国家环保政策的出台，上游原材料市场面临较大的竞争压力和技术提升要求。

（2）中游粘贴材料生产销售商，主要涉及瓷砖粘结剂、填缝剂的生产销售企业。目前国内瓷砖粘结剂生产企业有几千家，成规模的大中型企业有上百家左右，其他多为规模较小的小型企业。

（3）建筑装饰装修公司既是需求方也是施工方，其施工能力、施工人员素质、现场管理水平，会直接影响瓷砖粘贴的效果。建筑装饰装修公司中，全国性大型连锁公司主推瓷砖粘结剂作为粘贴材料，不仅装修效果好，售后有保证，更能凸显品牌形象；而区域性中小型装饰装修公司更注重成单率，在设计施工方案时，会提供水泥砂浆、瓷砖粘结剂多种选择。

三、终端市场

主要涉及施工工人和终端业主两类。

（1）施工工人作为瓷砖粘贴的施工方，对瓷砖粘贴技术的使用和瓷砖粘贴材料的选择具有重要的决定作用。施工作为装修的重要环节，瓷砖粘贴效果会影响房屋及建筑物的整体效果，进而影响终端业主的购买决策；施工工人对于终端业主选择瓷砖品牌和瓷砖粘结剂品牌具有重要影响。

（2）终端业主对瓷砖粘贴效果的认可程度，主要影响其二次装修时的选择态度，同时也会成为瓷砖品牌、瓷砖粘结剂品牌、建筑装饰装修公司口碑传播的重要指标。

因此，可以看出，瓷砖粘贴行业的发展不仅受粘贴材料本身上、中、下游市场及参与者的直接影响，而且与房地产、建筑陶瓷行业的发展以及终端业主的需求也存在密不可分的关系。

2.1.3 瓷砖粘贴行业市场现状

一、瓷砖粘结剂行业市场现状

从需求市场、生产及施工市场、终端市场所划分的产业链结构来看，目前中国瓷砖粘贴市场整体呈现出以下特征：

（一）需求市场

对施工效率和效果的关注度逐步提升，进而带动了对瓷砖粘结剂及规范施工的需求增长。具体表现在：

1. 劳动力减少、用工成本上涨，促使开发商更注重施工效率

根据国家统计局统计的建筑业就业人员规模来看，近 10 年间，建筑业就业人员数量在 2014 年首次出现下降，2014—2016 年就业人员数量年均降幅为

3.4%。而相应的人均工资水平在 2014—2016 年间平均增幅达到 6.5% 左右。招工难、人工费飞涨、定额人工调价甚微等难题，使得房地产建设施工企业的成本控制压力达到前所未有的程度。

从需求市场来看，市场上每平方米瓷砖粘贴价格从 2013 年的 37 元/平方米上涨到目前的 50 元/平方米左右，单位平方米价格上涨了约 35.1%。

劳动力成本的不断提升，促使开发商从提高施工效率、降低单位面积材料消耗着手压缩单位成本，这使得采用瓷砖粘结剂的“薄贴技术”得到广泛的推广和应用。

2. 瓷砖产品升级、陶瓷厂及装饰装修公司对整体粘贴效果的重视，要求瓷砖粘贴工艺不断改进和升级

通过市场走访调查，目前瓷砖吸水率的高低已经成为消费者评价陶瓷砖内在质量优劣的重要性能指标之一，低吸水率的瓷砖越来越受到消费者欢迎。玻化砖的大范围应用、地砖上墙等成为潮流趋势。而瓷砖吸水率的降低对粘贴材料和粘贴工艺也提出了更高的要求，传统的水泥砂浆、低等级瓷砖粘结剂和不规范的粘贴工艺已经无法满足施工要求。

另一方面，陶瓷厂、装饰装修公司也逐步从单纯的产品销售、一次服务，转变为产品 + 服务、一站式安心服务模式，品牌口碑、整体粘贴效果成为其关注点。为了避免产生因使用水泥砂浆或劣质瓷砖粘结剂而出现的瓷砖空鼓、脱落等现象，影响品牌形象，一些高端陶瓷厂、装饰装修公司选择与专业的瓷砖粘结剂厂商合作或推出采用瓷砖粘结剂的整体粘贴服务项目。

这都促使市场对高品质和专业等级较高的瓷砖粘结剂的需求稳步增长。

（二）生产及施工市场

瓷砖粘结剂产品及施工标准日趋规范，但自主研发能力仍有待提升。行业竞争和整合加剧，市场开始从一、二线城市向三、四线城市下沉。具体表现在：

1. 瓷砖粘结剂市场空间巨大，但产品自主研发能力有待提升

2017 年全国建筑陶瓷产量达到 101.46 亿平方米，而 2017 年全国瓷砖粘结剂的消费量为 804.7 万吨，按照每平方米消耗 7.5 千克计算，全年仅有 10.729 亿平方米的瓷砖采用瓷砖粘结剂进行产品铺贴，市场存在巨大的发展空间。

虽然近几年我国在瓷砖粘结剂研究方面取得了长足的进步，但多数技术仍靠沿袭引进国外技术为主，产品研发创新不足。主要表现在：①瓷砖粘结剂品种比较单一，高档、新型产品所占比例较小；②高级技术人才的缺乏，产学研联合不紧密；③企业缺乏自主创新意识和能力，瓷砖粘结剂产业缺乏创新平台。这些都制约了我国瓷砖粘结剂产业的快速发展。

2. 行业竞争和整合加速，渠道下沉或将打破区域品牌竞争格局

我国瓷砖粘结剂生产企业主要分为三类：①内资民营及股份制企业；②外资及合资企业；③为数众多的小型企业。尽管行业整体仍呈现出小、多、弱、散的特征，但随着近几年国家环保力度的加强、行业标准的出台以及需求市场对品牌、品质的重视，行业整合趋势加速，全国性、区域性知名品牌竞争力加强，小企业、作坊式企业逐渐被淘汰。部分知名品牌已经开始将渠道从一、二线城市向三、四线城市布局。

另一方面，与瓷砖相同，瓷砖粘结剂的运输成本占整体成本的比例较高。目前，国内瓷砖粘结剂基本采用公路运输，成本较高且相对透明，当每吨运费在200元以内时，价格尚具有竞争力，但随着运输距离增加，每吨运费上涨到300元以上时，就很难具备较强的价格竞争力。因此，通过渠道下沉挖掘有潜力的区域市场，进而通过设厂、设仓方式，降低物流运输费用，从而增强在区域市场的竞争力，也成为瓷砖粘结剂行业竞争的一个趋势。

3. 瓷砖粘结剂产品及施工标准日趋完善，行业管理更加规范、有序

产品标准的完善对进一步提高瓷砖粘结剂的产品质量和陶瓷砖粘贴工程质量，促进其在我国工程建设等领域中的应用、扩大产品出口具有重要意义。

施工技术规程的发布不仅填补了陶瓷饰面砖粘贴施工标准的空白，而且对于规范行业施工工艺、推进行业标准化进程具有重要意义。

与此同时，由中国陶瓷工业协会瓷砖粘贴技术专业委员会在全国组织开展的装饰镶贴工技能大赛及镶贴工职业技能培训等活动，对瓷砖粘结剂及其铺贴工艺的推广也起到极大的推动作用，不仅使装修工人能够正确使用瓷砖粘结剂，而且提升了终端消费者对瓷砖粘结剂产品的认知。

（三）终端市场

玻化砖等新型瓷砖及材料的使用需求更加多样化，对瓷砖粘结剂的认知度得到提升，但价格仍是制约终端用户选购的重要因素。具体表现在：

1. 终端用户对瓷砖粘结剂的认知度提高，品牌意识加强

瓷砖粘结剂属于装饰装修工程的辅料，在已往的装饰装修工程中，终端业主由于缺乏专业的瓷砖粘贴知识或侧重考虑性价比，往往只关注瓷砖品质和短期装修效果，并未意识到选择专业的瓷砖粘结剂的重要性，因此常出现“高端瓷砖 + 低端粘贴材料”的现象，一旦出现空鼓、掉砖时也只会认为是瓷砖或装修质量的问题。

近两年，随着高端陶瓷厂、装饰装修公司和瓷砖粘结剂厂商对产品应用和推广力度的加强，无论是房地产商还是终端业主，对瓷砖粘结剂的认知都不断提升，部分房地产商甚至会将选择知名品牌的辅料合作商作为房屋销售的一个

卖点，终端业主在选购瓷砖粘结剂时也会有品牌选择的偏好。在一、二线城市，部分终端业主在装饰装修房屋前，还会提前了解相关知识，并直接要求使用瓷砖粘结剂产品。这都为瓷砖粘结剂市场的发展奠定了用户基础。

2. 综合价格较高，产品认知不足，仍是制约瓷砖粘结剂发展的重要因素

尽管瓷砖粘结剂产品在终端市场已经被用户逐步接受，但由于终端用户对价格仍具有较高的敏感度，对尚未发生的潜在风险，如掉砖等，抱有一定的侥幸心理，而且对瓷砖粘结剂的施工工艺不够了解。因此，往往出现：①从施工报价来看，瓷砖粘结剂的价格远高于水泥砂浆的价格，终端用户会优先考虑价格，而选用水泥砂浆；②过分信赖施工单位的承诺，对预期风险缺乏有效认知；③认为使用瓷砖粘结剂就不需要再进行墙面找平，当增加找平工序及费用时产生“上当”心理。

这些问题的消除尚需瓷砖粘贴行业的共同努力，通过产品推广、知识宣传、施工管理透明化等，加强与终端用户的交流和互动，从而进一步推动终端市场对产品的认知和接受程度。

二、填缝行业市场现状

（一）填缝行业发展历程

自中华人民共和国成立以来，填缝行业随着中国基建事业的发展而发展起来。填缝行业主要经历以下几个发展阶段：

1. 1949—1978 年：以水泥砂浆作为主要填缝材料

这个时期中国建筑外观单一，结构方正，重视实用功能，基本没有多余装饰。同时由于装饰装修的物质资源不够丰富，对填缝的要求并不高，主要通过砂浆将建筑砌砖粘贴起来，此时水泥砂浆也被用作主要填缝材料。水泥砂浆具有价格低、粘结性好等优点，但同时也存在不防水、易发霉等缺点。

2. 1978—2000 年：以白水泥（白色硅酸盐水泥）作为主要填缝材料

随着时代的发展，这个时期瓷砖填缝时，会在水泥中添加石英砂以增加强度，添加钛白粉增白。相比较传统水泥砂浆，白水泥的颜色更加细腻洁白，价格较低，但仍存在不防水、易发霉等缺点。

3. 2000 年至今，填缝剂出现

从 2000 年开始，对于瓷砖填缝的要求越来越高，填缝剂产品由此诞生。填缝剂主要成分是聚合物改性水泥基，具有黏性强、收缩小、抗压耐磨、防水抗霉等优点。填缝剂受到消费者青睐，成为填缝材料的首要选择，被大量应用在基础设施建设、公共建筑、商品房和家庭装修中。从最初的黑白两色逐渐演变出各种与瓷砖搭配的颜色，颜色种类越来越丰富。

4. 2012—2015 年，单组分美缝剂出现

单组分美缝剂颜色较填缝剂产品更加有光泽，但由于产品成分原因，满填固化后有明显的收缩塌陷，易形成 V 形槽，因此瓷砖做美缝之前，需要用填缝剂进行打底。单组分美缝剂施工工艺复杂，周期较长，且不能用于淋浴间、游泳池等经常接触水的场所，市场应用受到一定限制。

5. 2015 年至今，双组分美缝剂出现

双组分美缝剂属于反应型树脂填缝中的环氧填缝产品，可以一次成型，干固后表面硬度高，光滑如瓷，颜色丰富靓丽，光泽度高，受消费者广泛认可，产品在市场中应用广泛。

（二）填缝行业市场现状

填缝行业品牌众多，如德高、牛元、雷帝、马贝、华砂（雨虹）、西卡、汉高、伟伯、卓高、立施棒、皇氏工匠等生产厂商。填缝行业全国产区产量排名先后为华东、华南、华北、华中和西南。其中华东以江浙沪为中心，华南以佛山为中心，华北以北京、石家庄为中心，华中以武汉为中心，西南以成都、重庆为中心。

国内市场填缝材料种类多样，除使用填缝剂和美缝剂产品外，仍有部分落后地区采用白水泥作为填缝材料。根据调查发现：终端业主在装修选购填缝材料时，对美缝剂产品的关注程度最高，占比 65%；其次是填缝剂产品，占比 32%。图 2-3 为终端业主对填缝材料的关注情况。

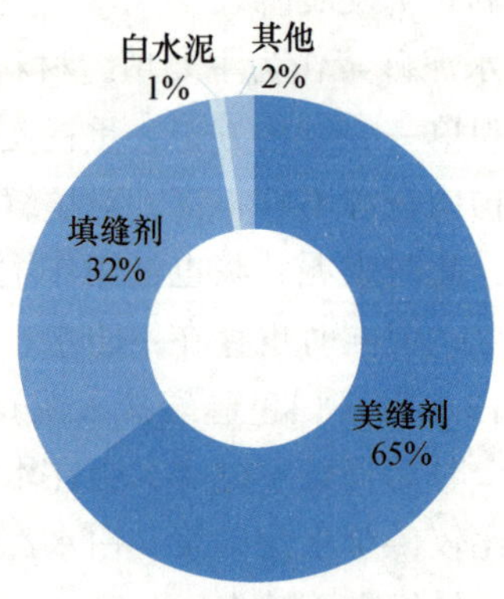

图 2-3　终端业主对填缝材料的关注情况

根据调查可以看出，2016—2017 年家居家装品类中，消费者对于“环保”“简约”“健康”等关键词的搜索大幅提升，说明消费者对家居环境的安全、环保的重视程度不断提升，预示着中国市场将彻底告别白水泥作为填缝材料的时代，但基于项目工程需要及国内消费水平不均衡的现状，填缝剂在未来几年

内仍将发挥它的市场作用。

2.1.4　瓷砖粘贴行业政策与标准

自 1994 年，国家建材工业局颁布首部《陶瓷墙地砖胶粘剂》（JC/T 547—1994）行业标准以来，中国陆续出台了多部涉及或有关瓷砖粘贴行业的政策标准，行业从无序发展逐步过渡到“有法可依”的有序成长状态。同时，瓷砖粘贴行业作为建材行业的一个分支领域，也受到了国家从绿色环保、健康安全角度提出的各项政策要求。

值得一提的是，2017 年 10 月《陶瓷砖胶粘剂》（JC/T 547—2017）颁布，2018 年 5 月《陶瓷饰面砖粘贴应用技术规程》（T/CECS 504—2018）颁布实施，对瓷砖粘结剂及陶瓷饰面砖粘贴的工程实践进行了有效的指导和标准规范，这将进一步推动我国瓷砖粘贴行业向更加规范、健康、有序的方向稳步发展。

一、瓷砖粘贴行业相关政策

（一）禁止施工现场搅拌砂浆

自 2003 年商务部、建设部等四部委《关于限期禁止在城市城区现场搅拌混凝土的通知》颁布实施以来，各地分别以地方性法规、政策规章、政府规范性文件等形式出台并实施了“禁现”政策。

2007 年 6 月 6 日，商务部、建设部等六部委联合发出《关于在部分城市限期禁止现场搅拌砂浆工作的通知》，要求全国中心城市、国家环境保护模范城市、全国文明城市等要积极创造条件，分期分批开展禁止在施工现场使用水泥搅拌砂浆工作（家装等小型施工现场除外），工程中使用预拌砂浆（含干拌砂浆和湿拌砂浆）。北京等 10 个城市从 2007 年 9 月 1 日起禁止在施工现场使用水泥搅拌砂浆（第一批）；重庆等 33 个城市从 2008 年 7 月 1 日起禁止在施工现场使用水泥搅拌砂浆（第二批）；长春等 84 个城市从 2009 年 7 月 1 日起禁止在施工现场使用水泥搅拌砂浆（第三批）。

2011 年 9 月 27 日，商务部发布的《关于“十二五”期间加快散装水泥发展的指导意见》进一步提出：在“十二五”期间要加快预拌混凝土、预拌砂浆产业发展，实现产业结构优化升级，完善散装水泥物流体系基础设施的专业化和信息化建设，进一步加大农村散装水泥推广力度，逐步缩小区域间差距，促进全国散装水泥行业的均衡化发展。

2016 年 12 月 25 日，商务部发布的《关于“十三五”期间加快散装水泥绿色产业发展的指导意见》指出，在“十二五”时期，我国散装水泥绿色产业快速发展，规模持续扩大，水泥散装率不断提高，经济和社会效益显著，为节能减排和提高建筑质量做出重要贡献。为进一步贯彻党中央、国务院关于生态文明建设、新型城镇化建设、供给侧结构性改革等战略部署，深入落实国家“十三五”发展规划关于节能减排和保护环境的总体要求，推动“十三五”时期散装水泥绿色产业健康发展。发展目标：到 2020 年，全国水泥散装率达到 65%，预拌混凝土使用量保持在 18 亿立方米左右，预拌砂浆使用量达到 1 亿吨，农村散装水泥使用率达到 55%，加快建成以散装水泥应用为核心的预拌混凝土、预拌砂浆、水泥预制构件一体化的绿色产业体系，散装水泥产业绿色、低碳、循环发展方式更加成熟，标准化、专业化和信息化水平进一步提高。

虽然瓷砖粘结剂近年来需求增长强劲，但也无法忽视国内绝大部分瓷砖仍然使用传统水泥砂浆进行粘贴。积极推广并加强“禁现”政策，不仅有助于瓷砖粘结剂在国内市场的进一步发展，也能够加强施工水平、提高建筑装修质量、提供安全环保保障。

表 2-2 为中国“禁现”相关政策。

表 2-2　中国“禁现”相关政策

发布时间	政策文件名称	发布单位
2003 年 10 月	《关于限期禁止在城市城区现场搅拌混凝土的通知》(商改发〔2003〕341 号)	商务部、公安部、建设部、交通部
2007 年 6 月	《关于在部分城市限期禁止现场搅拌砂浆工作的通知》(商改发〔2007〕205 号)	商务部、公安部、建设部、交通部、质检总局、环保总局
2007 年 6 月	《中国应对气候变化国家方案》	国务院
2008 年 8 月	《循环经济促进法》(主席令第四号)	全国人大
2009 年 11 月	《关于进一步做好城市禁止现场搅拌砂浆工作的通知》(商商贸发〔2009〕361 号)	商务部、住房城乡建设部
2010 年 5 月	《关于推进大气污染联防联控工作改善区域空气质量指导意见的通知》(国办发〔2010〕33 号)	国务院办公厅
2011 年 9 月	《商务部关于“十二五”期间加快散装水泥发展的指导意见》(商流通发〔2011〕322 号)	商务部
2012 年 7 月	《关于开展禁止现场搅拌检查工作的通知》(商办流通函〔2012〕767 号)	商务部、住房城乡建设部等六部委

续表

发布时间	政策文件名称	发布单位
2015 年 8 月	《中华人民共和国大气污染防治法》（主席令第三十一号）	全国人大
2015 年 9 月	《生态文明体制改革总体方案》（中发〔2015〕25 号）	国务院
2016 年 2 月	《中共中央国务院关于进一步加强城市规划建设管理工作的若干意见》（中发〔2016〕6 号）	国务院
2016 年 12 月	《关于“十三五”期间加快散装水泥绿色产业发展的指导意见》（商流通发〔2016〕354 号）	商务部
2017 年 9 月	《中共中央国务院关于开展质量提升行动的指导意见》（中发〔2017〕24 号）	国务院

（二）发展绿色建材

绿色建材在 1992 年被国际学术界明确定义，而我国发展绿色建材的需求也很早被提出，但我国绿色建材的发展现状仍不容乐观。近年来国家相继出台多项政策推广绿色建材。

2013 年 1 月 1 日，国务院办公厅以国办发〔2013〕1 号转发国家发展改革委、住房城乡建设部（简称住建部）制定的《绿色建筑行动方案》，其中要求大力发展绿色建材。2013 年 8 月 1 日，国务院下发《关于加快发展节能环保产业的意见》，要求开展绿色建筑行动。大力发展绿色建材，推广应用散装水泥、预拌混凝土、预拌砂浆。

2013 年 9 月 26 日，住房城乡建设部办公厅、工业和信息化部（简称工信部）办公厅联合印发了《关于成立绿色建材推广和应用协调组的通知》。12 月 18 日，住房城乡建设部办公厅、工业和信息化部办公厅发出《关于开展绿色农房建设的通知》，要求推动绿色建材下乡。

2014 年 5 月 28 日，住建部与工信部联合发布《绿色建材评价标识管理办法》，依据绿色建材评价技术要求，按照本办法确定的程序和要求，对申请开展评价的建材产品进行评价，确认其等级并进行信息性标识。

2015 年 8 月 31 日，工业和信息化部、住房城乡建设部联合发布了关于印发《促进绿色建材生产和应用行动方案》，目标是到 2018 年绿色建材生产比重明显提升，发展质量明显改善。绿色建材在行业主营业务收入中占比提高到

20%，品种质量较好满足绿色建筑需要。与 2015 年相比，建材工业单位增加值能耗下降 8%，氮氧化物和粉尘排放总量削减 8%，绿色建材应用占比稳步提高。新建建筑中绿色建材应用比例达到 30%，绿色建筑应用比例达到 50%，试点示范工程应用比例达到 70%，既有建筑改造应用比例提高到 80%。

方案明确规定“推广预拌砂浆”，给整个预拌砂浆行业带来了利好信息；规定了“推广使用大型化、薄型化的陶瓷砖”，大尺寸、薄型化陶瓷砖对铺贴材料的要求较普通瓷砖更加严格，若大尺寸、薄型化的陶瓷砖得到广泛应用，也将推动瓷砖粘结剂的进一步普及。

2016 年 5 月 18 日，国务院办公厅发布《关于促进建材工业稳增长调结构增效益的指导意见》，针对今后一段时期化解水泥、平板玻璃行业过剩产能，加快建材工业转型升级，促进建材企业降本增效实现脱困发展作出具体部署。计划到 2020 年，再压减一批水泥熟料、平板玻璃产能，使产能利用率回到合理区间；水泥熟料、平板玻璃产量排名前 10 家企业的生产集中度达 60% 左右。

《指导意见》要求，通过多种形式压减过剩产能。一是严禁新增产能。2020 年年底前，严禁备案和新建扩大产能的水泥熟料、平板玻璃建设项目；2017 年年底前，暂停实际控制不同企业间的水泥熟料、平板玻璃产能置换，对违规建设严肃查处。二是淘汰落后产能。严格执行环保、能耗、质量、安全、技术等法律法规和产业政策，依法淘汰落后产能。三是推进联合重组。支持优势企业搭建产能整合平台，利用市场化手段推进联合重组，整合产权或经营权，优化产能布局，提高生产集中度。在具备条件的地方开展试点，支持水泥、平板玻璃行业通过联合重组等方式压减过剩产能、实现脱困发展。四是推行错峰生产。推行水泥熟料错峰生产，倡导平板玻璃行业通过自律合理限产。

2016 年 7 月 18 日，工业和信息化部发布《工业绿色发展规划（2016—2020 年）》提出，到 2020 年，绿色发展理念成为工业行业全领域全过程的普遍要求，工业绿色发展推进机制基本形成，绿色制造产业成为经济增长新引擎和国际竞争新优势，工业绿色发展整体水平显著提升。

2016 年 9 月 3 日，工业和信息化部发布《关于开展绿色制造体系建设的通知》，通知规定全面统筹推进绿色制造体系建设，到 2020 年，绿色制造体系初步建立，绿色制造相关标准体系和评价体系基本建成，在重点行业出台 100 项绿色设计产品评价标准、10 ~ 20 项绿色工厂标准，建立绿色园区、绿色供应链标准，发布绿色制造第三方评价实施规则、程序，制定第三方评价机构管理办法，遴选一批第三方评价机构，建设百家绿色园区和千家绿色工厂，开发万种绿色产品，创建绿色供应链，绿色制造市场化推进机制基本完成，逐步建立集信息交流传递、示范案例宣传等为一体的线上绿色制造公共服务平台，培育一批具有特色的专业化绿色制造服务机构。

2016 年 9 月 6 日，住房城乡建设部、工业和信息化部联合发布关于印发《推进绿色建材发展与应用的实施方案》，方案指出应充分认识推动绿色建材发展与应用的重要意义。促进水泥工业向绿色环保功能产业转型、推广节能玻璃的应用、发展节能环保墙体材料、加快建材新兴产业发展等十大任务，要求各产业协会都要按照方案要求，制定各产业的绿色发展与应用行动方案，开发绿色建材产品，拓展绿色建材应用领域，编制不同产品的绿色标识体系，制定绿色建材产品应用的具体导则，全面促进绿色建材产业发展。

2016 年 12 月 30 日，工业和信息化部、发展改革委、科技部、财政部联合发布《关于印发新材料产业发展指南的通知》，通知明示新材料是指新出现的具有优异性能或特殊功能的材料，或是传统材料改进后性能明显提高或产生新功能的材料。新材料的发现、发明和应用推广与技术革命和产业变革密不可分。加快发展新材料，对推动技术创新，支撑产业升级，建设制造强国具有重要战略意义。

2017 年 12 月 29 日，质检总局、住房城乡建设部、工业和信息化部、国家认监委、国家标准委联合发布《关于推动绿色建材产品标准、认证、标识工作的指导意见》，按照国务院要求，将现有绿色建材认证或评价制度统一纳入绿色产品标准、认证、标识体系管理。在全国范围内形成统一、科学、完备、有效的绿色建材产品标准、认证、标识体系，实现一类产品、一个标准、一个清单、一次认证、一个标识的整合目标，建立完善的绿色建材推广和应用机制，全面提升建材工业绿色制造水平。到 2020 年，绿色建材应用比例达到 40% 以上。

表 2-3 为中国发展绿色建材颁布的相关政策。

表 2-3　中国发展绿色建材相关政策

发布时间	政策文件名称	发布单位
2013 年 1 月	《关于转发发展改革委、住房城乡建设部绿色建筑行动方案的通知》（国办发〔2013〕1 号）	国务院
2013 年 8 月	《关于加快发展节能环保产业的意见》（国发〔2013〕30 号）	国务院
2013 年 9 月	《关于成立绿色建材推广和应用协调组的通知》（建办科〔2013〕30 号）	住房城乡建设部、工业和信息化部

续表

发布时间	政策文件名称	发布单位
2013 年 12 月	《关于开展绿色农房建设的通知》（建村〔2013〕190 号）	住房城乡建设部、工业和信息化部
2014 年 5 月	《绿色建材评价标识管理办法》（建科〔2014〕75 号）	住房城乡建设部、工业和信息化部
2015 年 8 月	《促进绿色建材生产和应用行动方案》（工信部联原〔2015〕309 号）	住房城乡建设部、工业和信息化部
2015 年 10 月	《关于印发<绿色建材评价标识管理办法实施细则>和<绿色建材评价技术导则（试行）>的通知》（建科〔2015〕162 号）	住房城乡建设部、工业和信息化部
2016 年 5 月	《关于促进建材工业稳增长调结构增效益的指导意见》国办发〔2016〕34 号	国务院
2016 年 7 月	《工业绿色制造规划（2016—2020）》（工信部规〔2016〕225 号）	工业和信息化部
2016 年 9 月	《关于开展绿色制造体系建设的通知》工信厅节函〔2016〕586 号	工业和信息化部
2016 年 9 月	《推进绿色建材发展与应用的实施方案》中建材联新发〔2016〕113 号	住房城乡建设部、工业和信息化部
2016 年 12 月	《关于印发新材料产业发展指南的通知》工信部联规〔2016〕454 号	工业和信息化部、发展改革委、科技部、财政部
2017 年 12 月	《关于推动绿色建材产品标准、认证、标识工作的指导意见》国质检认联〔2017〕544 号	质检总局、住房城乡建设部、工业和信息化部、国家认监委、国家标准委

（三）外立面政策

由于早期国内瓷砖铺贴并没有用专业材料而且施工规范性不高，近年来发生多起外墙瓷砖脱落事故，造成严重的人身和财产损失，因此国内多地已经限制外墙瓷砖的使用。因各地气候差异较大，全国并没有出台统一政策规定，但各省市在 2000 年以后相继出台了地方性建筑条例。

各地对外墙瓷砖的限制以及鼓励外墙使用涂料对瓷砖粘结剂的发展产生了不利影响，而造成安全隐患的原因多为采用水泥砂子粘贴瓷砖或粘贴时的不规范操作，因此需要加大对瓷砖安全铺贴知识的推广，正确引导房地产开发商、承建商、装修公司和终端用户对瓷砖铺贴的认识和避免瓷砖脱落方法的认识。

表 2-4 为各地外立面针对瓷砖的限制政策。

表 2-4　各地外立面针对瓷砖的限制政策

地区	发布时间	发布单位
上海	2000 年	限制外墙砖，禁止马赛克
辽宁	2000 年	禁止外墙使用马赛克贴面
泉州	2000 年	限制建筑外墙装饰陶瓷面砖和马赛克
安徽	2003 年	限制设计、使用外墙面砖，禁止使用马赛克等外墙瓷质贴面
重庆	2006 年	临街和高层建筑禁用外墙砖
大连	2006 年	高层建筑采用墙面砖装饰被禁止
北京	2007 年	15 层以上的高楼外部不准用外墙砖装修
江苏	2008 年	建筑外墙饰面禁止使用马赛克，住宅建筑外墙限制使用陶瓷面砖
贵州铜仁	2008 年	建筑外墙禁止使用面砖
西安	2011 年	建筑外墙采用粘贴保温板薄抹灰外保温系统者，禁止设计、使用瓷质面砖进行外墙饰面

二、瓷砖粘结剂相关标准

我国第一部关于预拌砂浆方面的产品标准就是瓷砖粘结剂标准，即 1994 年国家建材工业局颁布的《陶瓷墙地砖胶粘剂》（JC/T 547—1994）。

截至目前，瓷砖粘结剂行业相关标准如表 2-5 所示，各项标准从瓷砖粘结剂的定义、分类到性能指标和施工验收注意事项等作了全面的规范要求。

表 2-5　近年发布的瓷砖粘结剂相关标准

标准分类	标准编号	标准名称	适用范围
国家标准	GB/T 25181—2010	《预拌砂浆》	适用于建筑及市政工程砌筑、抹灰、地面等工程及其他用途的水泥基预拌砂浆
国家标准	GB 50210—2018	《建筑装饰装修工程质量验收标准》	适用于所有的建筑装饰工程的验收
行业标准	JGJ 253—2011	《无机轻集料砂浆保温系统技术规程》	包含无机轻集料砂浆保温系统贴砖时对砖、瓷砖粘结剂及填缝剂的技术要求
行业标准	JGJ/T 172—2012	《建筑陶瓷薄板应用技术规程》	适用于建筑陶瓷薄板在室内地面、室内墙面以及粘贴高度不大于 24 米的室外墙面工程中的应用
行业标准	JG/T 158—2013	《胶粉聚苯颗粒外墙外保温系统材料》	包含胶粉聚苯颗粒外保温贴砖的一些技术要求

续表

标准分类	标准编号	标准名称	适用范围
行业标准	JGJ 126—2015	《外墙饰面砖工程施工及验收规程》	适用于采用满粘法施工的外墙饰面砖工程的材料、设计、施工及验收
行业标准	JC/T 547—2017	《陶瓷砖胶粘剂》	适用于内外墙和地面陶瓷用胶粘剂
行业标准	JGJ 110—2017	《建筑工程饰面砖粘结强度检验标准》	适用于建筑工程外墙饰面砖粘结强度的检验
地方标准	DB11/T 344—2017	《陶瓷墙地砖胶粘剂施工技术规程》北京地方技术规程	适用于新建、改建、扩建的建筑工程中，建筑内、外墙体及地面的陶瓷墙地砖和柔性砖的胶粘剂铺装施工
团体标准	T/CECS 504—2018	《陶瓷饰面砖粘贴应用技术规程》	适用于建筑物墙面和地面粘贴陶瓷饰面砖工程的材料选用、设计、施工和验收

（一）国家标准：《建筑装饰装修工程质量验收标准》（GB 50210—2018）

《建筑装饰装修工程质量验收标准》（GB 50210—2018）于 2018 年 9 月 1 日起实施。新标准修订了《建筑装饰装修工程质量验收规范》（GB 50210—2001），适用于新建、扩建、改建和既有建筑的装饰装修工程的质量验收。

（二）行业标准：《陶瓷砖胶粘剂》（JC/T 547—2017）

《陶瓷砖胶粘剂》（JC/T 547—2017）于 2017 年 10 月 1 日正式颁布实施。本标准修订采用了国际标准《陶瓷砖填缝剂和胶粘剂　第 1 部分：胶粘剂的术语、定义和分类》（ISO 13007—1：2010）和《陶瓷砖填缝剂和胶粘剂　第 2 部分：胶粘剂的试验方法》（ISO 13007—2：2013），对原有《陶瓷墙地砖胶粘剂》（JC/T 547—2005）行业标准作了重大修改。相对于原行业标准，新标准以水泥基胶粘剂为主，更贴近产品实际使用情况。

《陶瓷砖胶粘剂》（JC/T 547—2017）总结了《陶瓷墙地砖胶粘剂》（JC/T 547—2005）行业标准近 10 年实施以来产品生产、使用的实践经验和科研成果，标准达到了国际水平。对进一步提高胶粘剂的产品质量和陶瓷砖粘贴工程质量，促进瓷砖粘结剂在我国工程建设等领域中的应用和扩大产品出口具有重要意义。

《陶瓷砖胶粘剂》（JC/T 547—2017）行业标准有助于建筑设计单位、建设单位以及施工单位更加科学合理地选择瓷砖粘结剂，例如室内釉面砖可选 C1，大尺寸玻化砖上墙可选 C2T，大理石可选 C1FT，在加气块基面贴砖可选 C1E，赶工期可选 C1F。同时还可以扩大瓷砖粘结剂的应用领域，不但适用于稳固基层（砂浆与混凝土），还可用于高吸水轻质基材、木质基面、金属基面塑料基面等。

（三）地方标准：《陶瓷墙地砖胶粘剂施工技术规程》（DB11/T 344—2017）

《陶瓷墙地砖胶粘剂施工技术规程》（DB11/T 344—2017）在原规程《陶瓷墙地砖胶粘剂应用技术规程》（DB11/T 344—2006）的基础上进行修订，新版本于 2017 年 10 月 1 日正式颁布实施。

新规程根据北京市质量技术监督局《关于印发 2015 年北京市地方标准制修订项目计划的通知》（京质监标发〔2015〕22 号）的要求，由北京城建科技促进会组编制。新规程增加了基本规定、基层和陶瓷砖胶粘剂、柔性砖施工等内容，修订了相关术语定义，调整了陶瓷砖胶粘剂在内墙、外墙、地面、柔性砖的施工及验收内容。

新规程适用于北京市新建、改建、扩建的建筑工程，建筑内、外墙体及地面的陶瓷墙地砖和柔性砖的胶粘剂铺装施工。

（四）团体标准：《陶瓷饰面砖粘贴应用技术规程》（T/CECS 504—2018）

《陶瓷饰面砖粘贴应用技术规程》（T/CECS 504—2018）于 2018 年 5 月 1 日正式颁布实施。本规程由中国陶瓷工业协会瓷砖粘贴技术专业委员会牵头组织，中国建筑科学研究院有限公司、雷帝（中国）建筑材料有限公司等单位负责编制。新规程适用于建筑物墙面和地面粘贴陶瓷饰面砖工程的材料选用、设计、施工及验收。

陶瓷饰面砖具有优良的抗污、耐磨、耐久和装饰性能，主要应用于内外墙及地面铺设，在国内外各类建筑装饰装修中得到广泛使用，是当前最为重要的建筑饰面材料，尤其是厨房、卫生间和游泳池等最适合的饰面材料。为保证陶瓷饰面砖的粘贴安全，欧美发达国家在 20 世纪 50 年代发明并推广使用了陶瓷饰面砖粘结剂产品和配套的薄涂法工艺，并随着实践经验的积累，建立了完善的工程技术规范，对粘结材料的选择、粘贴施工工艺作了明确的规定，使得粘贴的陶瓷饰面砖在国外有着非常好的安全性和耐久性。与此形成鲜明对比的是，我国虽然是世界上最大的陶瓷饰面砖生产国、出口国和消费国，但国内对于陶瓷饰面砖粘贴一直缺乏指导工程实践的统一作法和标准规范，在材料的选择上随意性很强，采用水泥加砂或水泥加胶水等材料进行陶瓷饰面砖粘贴的项目比比皆是。

随着国内大量陶瓷饰面砖新品种和各种粘贴基层的出现，原有的水泥加砂粘结性能已远远不能满足现有陶瓷饰面砖粘贴的要求；加上施工工法落后，现在很多施工现场依然在沿用欧美已经淘汰的点粘陶瓷饰面砖作法，造成陶瓷饰面砖粘贴的安全性和耐久性满足不了设计使用的要求，饰面砖空鼓成为普遍发生的现象，给后期使用和维修造成很大不便，更为严重的是陶瓷饰面砖脱落伤人毁物事件频发，存在安全隐患。因此，本技术规程的制定对于规范行业施工工艺、推进行业标准化进程具有重要意义。

2.2　中国瓷砖粘结剂行业运行现状

面对复杂多变的经济环境，瓷砖粘结剂市场成熟度不断提高，带动了瓷砖粘结剂近年来的快速发展，令瓷砖粘结剂行业逆势而行。2017 年我国瓷砖粘结剂的消费量为 804.7 万吨，按照每平方米消耗 7.5 千克计算，全年共有 10.729 亿平方米的瓷砖采用瓷砖粘结剂进行铺贴，市场成熟度为 19.7%，较 2013 年提升了 12.3 个百分点，市场成熟度提升明显，这主要是因为从 2016 年开始将地砖用量计入。作为瓷砖产量中基数最大的地砖，也带动了瓷砖粘结剂增长。随着陶瓷饰面砖款式和质量的提升，传统水泥砂浆已无法满足瓷砖铺贴需求，粘贴材料将逐步向高附加值方向发展，瓷砖粘结剂替代水泥砂浆将成为必然趋势。

表 2-6 和图 2-4 为瓷砖粘结剂产品市场成熟度水平。

表 2-6　2013—2017 年中国瓷砖粘结剂产品市场成熟度水平

指标	2013 年	2014 年	2015 年	2016 年	2017 年
市场成熟度	7.4%	9.2%	11.1%	15.3%	19.7%

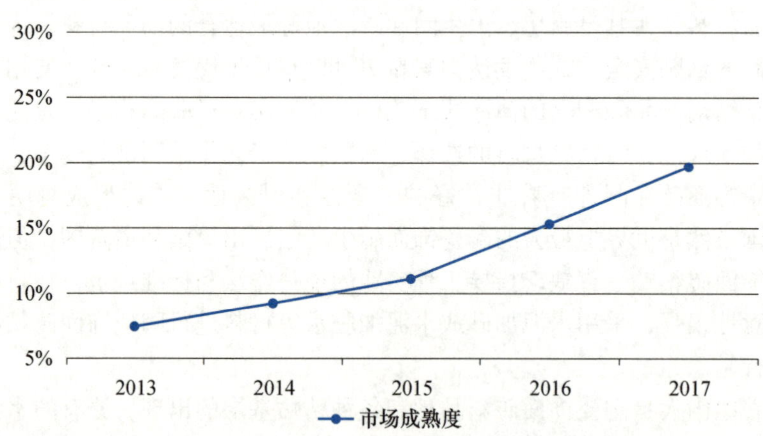

图 2-4　2013—2017 年中国瓷砖粘结剂产品市场成熟度水平

随着陶瓷行业的发展，抛光砖、釉面砖、传统仿古砖、现代仿古砖、大理石瓷砖、陶瓷薄板、陶瓷大板等陶瓷砖砖坯都在向着低吸水率的方向发展。我国瓷砖的粘贴辅料产品也正经历从简单的水泥砂浆到专业的瓷砖粘结剂的发展阶段。目前，瓷砖粘结剂作为重要的粘贴材料，具有粘结强度高、耐水、耐冻融、耐老化、性能好及施工方便等特点，能有效避免瓷砖空鼓、脱落，已经逐渐被消费者所接受，近几年广泛应用于内外墙面、地面、浴室、厨房等建筑饰面装饰场所。

2016～2017 年我国瓷砖粘结剂消费量从 645.9 万吨增长到 804.7 万吨，增幅约为 24.6%；瓷砖粘结剂产品产值从 92.8 亿元增长到 110.9 亿元，增幅约为 19.4%，受瓷砖粘结剂市场价格逐步下降影响，产值增速略逊于消费量增速。

目前，国内瓷砖粘结剂的型号有数十种之多，能够匹配不同品类的瓷砖，其优异的粘贴性能使其在瓷砖粘贴工程中的应用比例逐年上升。到 2017 年，瓷砖粘结剂在外墙贴砖中的应用比例已超过 60%，在内墙中的应用比例已超过 32%，在地砖中的应用虽然是近 3 年才出现，但保持逐年上升趋势，2017 年应用比例约为 5%。

从需求区域来看：2017 年，华东、华南、西南是瓷砖粘结剂的主要消费区域，这三个区域的消费量占整体消费量的 75% 左右。其中，华东覆盖了江浙沪、江西、福建、山东等陶瓷饰面砖需求和供应大省；华南的广东是全国知名的建筑陶瓷产业集聚中心；西南地区受“西部大开发”战略和“成渝经济区”规划的带动，重庆、成都、贵阳等枢纽城市的基础设施建设和房地产开发增长迅速，这都极大地带动了当地瓷砖粘结剂的市场发展。

分渠道类型来看：2016—2017 年，受房地产大环境政策影响，房地产工程项目总量下降，房屋销售市场需求收缩，但受“精装修”“绿色建筑”等建筑行业政策的利好，瓷砖粘结剂在工程项目中的应用比例大幅提升，2017 年瓷砖粘结剂在工程渠道的消费量占比约为 51%，超过零售渠道占据市场主要份额。

从政策方面来看：2017 年国家及各级地方政府都加强了环保监管力度，如，生产方面要求加强 VOC 废气治理；施工方面禁止现场搅拌混凝土和砂浆等。环保政策的实施，促进了行业整合和瓷砖粘结剂的应用和推广。一方面，瓷砖粘结剂行业中的小型生产企业迫于环保压力，进行生产设备升级或退出；另一方面，瓷砖粘结剂无毒、无臭、无尘、无污染的特点，能有效降低施工扬尘，助力文明城市创建。未来，随着环保监管力度的增强，低碳、环保、节能、减排将成为瓷砖粘结剂行业发展的必然方向。

2.2.1　国外瓷砖粘结剂发展形势

瓷砖粘结剂在欧美国家的市场普及率已高达 100%，在巴西市场普及率也已达到90%以上，逐步替代水泥砂浆成为消费者心中的首选。从1893年干混砂浆在欧洲的问世，到1936年瓷砖固定粘结剂开始在英国销售使用，再到此后瓷砖粘结剂产品在欧美市场的全面盛行，现阶段亚洲已成为瓷砖粘结剂发展的新兴市场，瓷砖粘结剂的发展呈现出良好的势头。在东南亚及东亚地区，干混砂浆的发展主要集中于大城市，主要因为大城市经济增长迅速，人口增加快，同时对环境的保护要求也越来越高。

新加坡、韩国、中国香港等地区瓷砖粘结剂的市场份额也在逐年递增。干混砂浆在新加坡的应用已有10多年历史，早期新加坡主要依赖进口，目前已拥有较强的干混砂浆生产能力，市场基本趋于饱和。韩国在20世纪90年代中期就已具备干混砂浆的生产能力，由于干混砂浆的施工效率和质量都优于传统的现场搅拌砂浆，在韩国发展迅速，预计未来几年干混砂浆将占整个市场80%的份额。

除此之外，东南亚的越南等国现阶段也在加大推广干混砂浆的市场应用。东南亚和中国作为新兴市场，产品普及率较低，市场存在较大的需求空间。瓷砖粘结剂作为新型粘贴材料，因其施工速度快、环保性好、施工质量容易得到保证而被广泛推广，未来瓷砖粘结剂将保持稳步上升的发展态势。

干混砂浆在欧美国家能迅速发展起来主要有以下几个方面原因：

第一，欧美市场不断增加的劳动力成本。

第二，欧美建筑的高质量要求，需要质量更高的粘贴产品。

第三，机械化的施工及干混砂浆的使用，可提高建筑施工效率。

第四，瓷砖粘结剂能满足一些新型墙体和新型建筑材料对粘贴砂浆的要求。

此外，环境问题也越来越受到重视，欧洲部分国家对建筑材料中的辐射和气味有着严格的限制要求，所有建材材料必须低VOC、低尘，这是市场需求，也是行业发展的趋势。环境问题目前已成为全球都较为关注的热点话题，中国近年来也在进行环境整治，对建材行业不断进行整改，以坚持可持续发展道路，促进低VOC和低尘砂浆的推广使用。

近年来，在一些发达国家和地区，传统水泥砂浆作为粘贴材料已基本消失，瓷砖粘结剂成为发达国家建筑行业中普遍采用的瓷砖粘贴产品。

2.2.2 中国瓷砖粘结剂市场规模及结构特征

一、瓷砖粘结剂市场规模容量

（一）瓷砖粘结剂相关指标运行情况

1. 全国陶瓷砖产销量整体呈现下滑趋势

从2013—2017年中国陶瓷砖消费量来看，全国陶瓷砖的实际消费量整体呈现下滑趋势。主要原因：一方面受建筑及房地产市场波动影响；另一方面陶瓷砖行业本身也在经历优化产能、消化库存的阵痛。

表 2-7 和图 2-5 为中国陶瓷砖消费量及分类型用量。

表 2-7　2013—2017 年中国陶瓷砖消费量及分类型用量

指标		2013 年	2014 年	2015 年	2016 年	2017 年
陶瓷砖用量（亿平方米）		62. 98	63. 91	63. 17	56. 18	54. 36
其中	外墙砖用量	6. 93	6. 71	6. 32	5. 34	4. 89
	内墙砖用量	21. 41	22. 05	22. 11	19. 94	19. 57
	地砖用量	34. 64	35. 15	34. 74	30. 90	29. 90

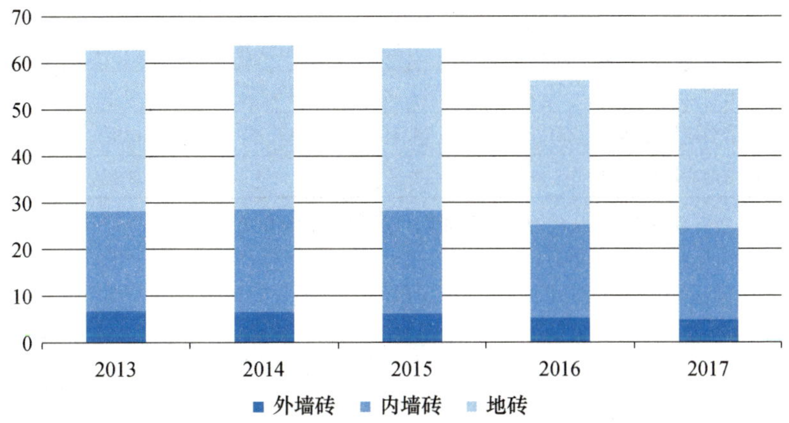

图 2-5　2013—2017 年中国陶瓷砖消费量及分类型用量（亿平方米）

结合表 2-7 及图 2-5 可以看出：我国陶瓷砖消费量在 2013—2014 年基本达到市场容量的峰值，自 2015 年开始逐步回落，到 2017 年全国陶瓷砖消费量下降到 54. 36 亿平方米，5 年复合增长率为 -3. 6%，呈现负增长态势。其中，2017 年，外墙砖用量为 4. 89 亿平方米，内墙砖用量为 19. 57 亿平方米，地砖用量为 29. 9 亿平方米，均较 2016 年有所下降。

房地产市场方面：2013—2015 年，中国经济保持“稳增长”态势，房地产行业政策及环境相对宽松，新房及二手房成交相对活跃，带动了新房装修和旧房翻新市场对陶瓷砖的需求。

2016—2017 年，房地产政策持续收紧。自 2016 年第四季度开始，国家紧急出台了一系列调控政策，对房地产及房屋交易进行限购、限贷、限价，致使新房和二手房市场双双进入寒冬，这也导致陶瓷砖用量出现快速下滑。

陶瓷砖市场方面：近十年来，我国陶瓷砖产量增速在 2012 年以后明显下滑，

2015 年陶瓷砖产量出现了近十年的首次负增长，2016 年虽略有回升，但 2017 年产量再次下降。陶瓷砖销量自 2015 年也开始持续下滑。行业内，陶瓷企业和经销商库存增多、应收账款增加、回款困难、欠款严重等问题尚未得到有效解决。

2. 瓷砖粘结剂应用比例逐年提升

尽管 2013—2017 年陶瓷砖产销量整体呈现下滑趋势，但瓷砖粘结剂在瓷砖粘贴工程中的应用比例却呈现明显的上升趋势。到 2017 年，瓷砖粘结剂在外墙贴砖中的应用比例已超过 60%，在内墙中的应用比例已超过 32%，在地砖中的应用虽然是近 3 年才出现，但保持逐年上升趋势，2017 年应用比例约为 5%。

表 2-8 和图 2-6 为近五年中国瓷砖粘结剂的应用比例情况。

表 2-8　2013—2017 年中国瓷砖粘结剂应用比例

指标	2013 年	2014 年	2015 年	2016 年	2017 年
外墙瓷砖粘结剂应用比例	31.1%	40.1%	49.5%	56.5%	60.1%
内墙瓷砖粘结剂应用比例	11.7%	14.3%	17.7%	23.1%	32.1%
地砖瓷砖粘结剂应用比例	—	—	—	3.2%	5.0%

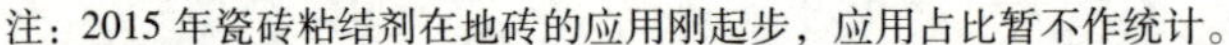

注：2015 年瓷砖粘结剂在地砖的应用刚起步，应用占比暂不作统计。

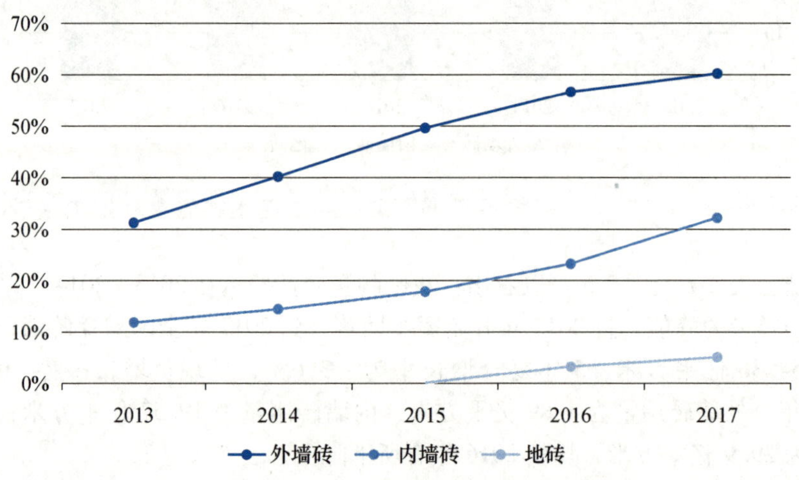

图 2-6　2013—2017 年中国瓷砖粘结剂应用比例（%）

结合表 2-8 及图 2-6 可以看出：近五年间，外墙瓷砖铺贴应用瓷砖粘结剂的比例增长了 29 个百分点，2017 年应用占比达到 60.1%；内墙瓷砖粘结剂的应用比例也增长了 20.4 个百分点。地砖方面，2016—2017 年瓷砖粘结剂应用比例从 3.2% 增长到 5.0%，尽管仍处于低位，但已呈现出稳定的增长势头。这主要得益于装饰装修公司对“地砖上墙”装修风格的推崇和瓷砖企业的推动。

在市场走访中，可以看到马可波罗、诺贝尔、鹰牌等瓷砖品牌在门店内开始布设采用“地砖上墙”装修方式的样板间，来引导消费者的装修理念。如，普通样板间多采用全抛釉地砖，高端样板间会用微晶石或仿古砖，当抛光度较高的地砖与明亮的灯光相呼应时，在视觉效果对消费者产生了巨大的吸引。这都将直接推涨瓷砖粘结剂在地砖铺贴中的应用比例。

3. 瓷砖粘结剂产品单价趋于合理，但施工价格持续上涨

通过对瓷砖粘结剂主要品牌及装饰装修公司进行走访调查，2013—2017 年，随着瓷砖粘结剂的生产和销售日趋成熟，市场竞争日益激烈，瓷砖粘结剂主要品牌的产品单价呈现小幅下降趋势，价格的下降虽然削减了单产品毛利，但却使消费者对产品价格的接受度逐步提升，对消费量的提升反而起到正向积极作用。

施工价格方面，人工成本是最主要的影响因素。2013—2017 年，每平方米瓷砖铺贴价格从约 37 元/㎡上涨到 50 元/㎡左右，复合增速为 7.8%。施工价格的上涨虽然增加了开发商和终端业主的装修成本，但引起了开发商及终端业主对瓷砖铺贴效率的重视，“又快又好”成为新的招标及验收标准。这使得瓷砖粘结剂及“薄层技术”在工程和家装市场都获得了更多的青睐。

表 2-9 为瓷砖粘结剂产品及施工价格的市场平均水平。

图 2-7 为瓷砖粘结剂产品及施工价格的增速情况。

表 2-9　2013—2017 年中国瓷砖粘结剂产品及施工均价水平

指标	2013 年	2014 年	2015 年	2016 年	2017 年
产品均价水平（元/吨）	1659.0	1571.4	1498.5	1437.3	1377.6
施工均价水平（元/m^2）	37	40	43	47	50

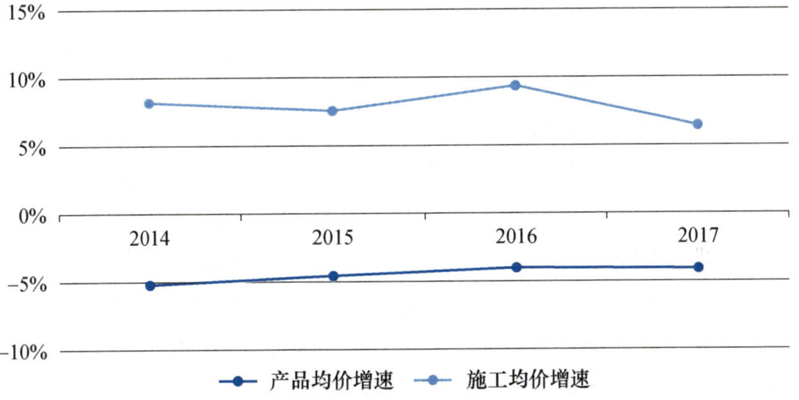

图 2-7　2013—2017 年中国瓷砖粘结剂产品及施工均价增速

（二）瓷砖粘结剂消费量及产值分析

依照上述陶瓷砖消费量、瓷砖粘结剂在外墙、内墙及地砖中的应用比例以及瓷砖粘结剂产品及施工价格的变化情况，进行合理推算，可以得到我国瓷砖粘结剂的消费量及行业产值。

表 2-10 为 2013—2017 年瓷砖粘结剂消费量及产值规模。

图 2-8 为 2013—2017 年瓷砖粘结剂消费量及产值增速情况。

表 2-10　2013—2017 年瓷砖粘结剂消费量及产值规模

指标		2013 年	2014 年	2015 年	2016 年	2017 年
瓷砖粘结剂消费量（万吨）		349. 6	439. 1	527. 2	645. 9	804. 7
瓷砖粘结剂总产值（亿元）		230. 4	303. 2	381. 3	497. 6	647. 4
其中	产品产值（亿元）	58. 0	69. 0	79. 0	92. 8	110. 9
	施工产值（亿元）	172. 4	234. 2	302. 3	404. 8	536. 5

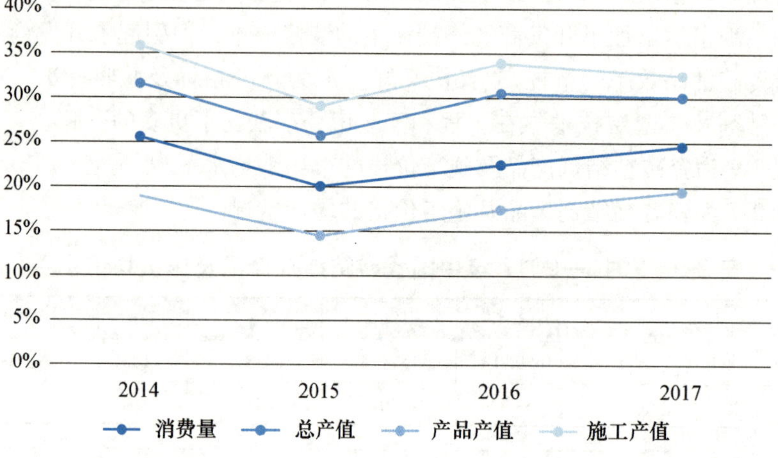

图 2-8　2013—2017 年瓷砖粘结剂消费量及产值增速情况

结合表 2-10 及图 2-8 可以看出：

（1）消费量方面：2013—2017 年，瓷砖粘结剂需求量总量保持稳定增长，但增速受陶瓷砖产销量下滑影响，2015—2017 年受益于瓷砖粘结剂应用比例的提升，消费量增速开始有所回升。2013—2017 年瓷砖粘结剂复合增速为 23. 2%，2017 年消费量达到 804. 7 万吨，较 2016 年同比增长 24. 6%。

（2）行业产值方面：瓷砖粘结剂总产值包括产品产值和施工产值两部分。2013—2017 年瓷砖粘结剂总产值、产品及施工产值均保持增长趋势，但增速波动受消费量影响较大，呈现先抑后扬的特征。2017 年行业各项产值均较

2016 年大幅提升，总产值达到 647.4 亿元，较 2016 年同比增长 30.1%。其中，产品产值为 110.9 亿元，占总产值的 17.1%；施工产值为 536.5 亿元，占总产值的 82.9%。施工产值及增速均高于产品产值，主要原因是：①受招工难、人工成本上升等因素影响，施工价格一路水涨船高；②瓷砖粘结剂的铺贴工艺较传统水泥砂浆要求更为专业，对施工人员的素质及培训要求也更高，相应的价格差异也会反映在施工价格上；③瓷砖粘结剂生产企业竞争激烈，产品价格逐年下降。

二、瓷砖粘结剂市场结构特征

（一）瓷砖粘结剂分领域应用特征

瓷砖粘结剂的应用领域按瓷砖类型分为外墙、内墙和地砖三类。根据陶瓷砖消费量及瓷砖粘结剂在不同领域中的应用比例，推算得到不同领域瓷砖粘结剂的需求规模。

表 2-11 为中国瓷砖粘结剂分领域的应用需求规模。

图 2-9 为中国瓷砖粘结剂在各领域需求规模的增速情况。

表 2-11　2013—2017 年中国瓷砖粘结剂分领域的应用需求规模

指标		2013 年	2014 年	2015 年	2016 年	2017 年
总体消费量（万吨）		349.6	439.1	527.2	645.9	804.7
其中	外墙瓷砖粘结剂	161.7	202.0	234.5	226.2	220.4
	内墙瓷砖粘结剂	187.9	237.1	292.7	345.8	471.5
	地砖瓷砖粘结剂	—	—	—	73.9	112.8

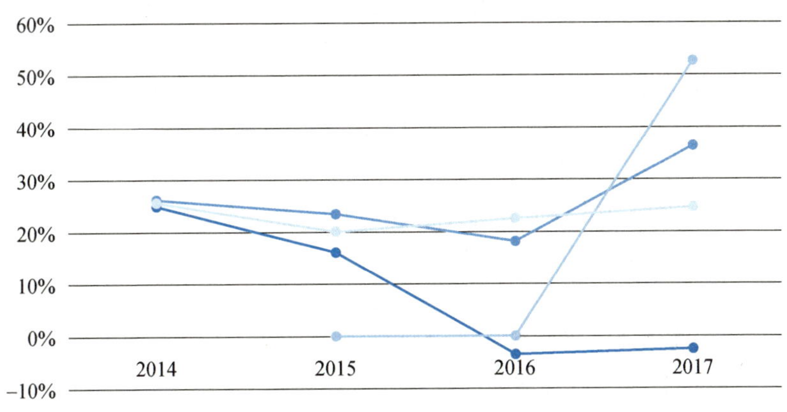

图 2-9　2013—2017 年瓷砖粘结剂分领域需求增速（%）

分领域来看，瓷砖粘结剂的应用需求呈现如下特征：

1. 外墙瓷砖粘结剂出现负增长，需求绝对量下降

2013—2017 年，外墙瓷砖粘结剂消费量复合增速为 8%，2016 年开始出现负增长，2017 年消费量持续下降到 220.4 万吨，低于 2015 年水平。主要原因：

（1）瓷砖粘结剂能有效提高外墙贴砖的稳固性，其在外墙砖中的应用逐年上升。但受潜在风险及政策限制，房地产开发商选择瓷砖进行外墙装修的需求整体下降，外墙陶瓷砖需求量逐年下滑。尽管外墙贴砖既能保护墙体，又能增加建筑物的装饰效果，但是由于外墙瓷砖的使用环境较为恶劣，易发生瓷砖脱落事故，造成严重的人身和财产损失。因此，尽管国家并未出台统一的高层建筑外立面禁止铺贴瓷砖的政策，但各省市自 2000 年起，结合当地气候、环境和施工特点，相继出台了地方性的建筑条例，规范、限制或禁止外墙铺贴瓷砖。

（2）外墙砖主要包括釉面外墙砖、通体砖、劈开砖、石材、马赛克等。其购置成本高，粘贴和施工难度大。目前，市场上出现的装饰砂浆、真石漆、玻璃幕墙等新型外墙装饰材料及施工方式，既能达到较好的建筑物装饰效果，安全性较瓷砖也更高，进一步抢占了外墙瓷砖及瓷砖粘结剂的市场。

2. 内墙瓷砖粘结剂增速放缓，但仍保持稳定增长

2013—2017 年，内墙瓷砖粘结剂消费量复合增速为 25.9%，2016 年增速放缓，但整体仍保持增长趋势。2017 年内墙瓷砖粘结剂需求量达到 471.5 万吨，同比增长 36.3%。

内墙瓷砖主要以釉面砖为主，这类瓷砖吸水率较高，对粘贴强度要求相对不高，因此使用水泥砂子进行粘贴的情况仍较多。近年来，随着抛釉砖、微晶石等新型瓷砖的推出，以及采用“地砖上墙”替代釉面砖的装修需求逐年增强，瓷砖粘结剂成为这类低吸水率瓷砖铺贴时的必然需求。此外，市场对“薄板”“大板”瓷砖装修风格的追捧，对粘结材料也提出了更高的要求，瓷砖粘结剂成为替代传统水泥砂子的最佳选择。

3. 地砖瓷砖粘结剂低起步，高增长

瓷砖粘结剂在 2015 年开始逐步应用到地砖铺贴领域，2017 年地砖瓷砖粘结剂消费量为 112.8 万吨，较 2016 年同比上涨 52.8%，保持快速增长。

地砖在商业及家庭中装修的应用非常广泛，其颜色简约、规格大、密度高，贴在墙上的延伸性强，能让室内风格更加高端、大气。随着瓷砖铺贴工艺的提升，“地砖上墙”不仅被装饰装修公司和瓷砖厂商所推崇，而且受到消费者喜爱。瓷砖粘结剂凭借其高粘结强度和施工便捷性，不仅能够满足“地砖上墙”的粘贴需求，而且能够有效保证瓷砖粘贴效果和质量，提升装饰装修公司的品牌实力。因此受到装饰装修公司信任和青睐，这也成为中国瓷砖粘结

剂行业发展的重要突破点。

整体而言，瓷砖粘结剂凭借其良好的保水性、高粘结强度、不易空鼓等特点，在陶瓷砖的外墙、内墙和地砖应用中均获得了众多瓷砖厂、装饰装修公司的认可。近几年，随着瓷砖“薄层技术”在国内的推广和应用日益成熟，装饰装修公司及施工工人也已经掌握了相对规范的粘贴工艺和施工流程，消费者对于采用“薄贴法”带来的装修效果和房屋空间面积的扩容，也具有较高的认可度，这都促使瓷砖粘结剂成为在工程和家庭装修中成为必不可少的装修材料。

（二）瓷砖粘结剂分区域供需特征

瓷砖粘结剂的区域供需特征主要与区域建筑陶瓷产业的发展水平和区域居民的装修习惯有较大关联。以国家的区域划分标准为基础，结合研究团队对市场和用户的走访调查，推算得到分区域瓷砖粘结剂的需求分布情况。

表 2-12 为中国七个区域的地理划分标准。

图 2-10 为 2017 年国内分区域瓷砖粘结剂需求分布。

表 2-12　中国七个区域的地理划分标准

区域	所辖省/市	省/市数量
华北	北京市、天津市、河北省、山西省、内蒙古自治区	5
东北	辽宁省、吉林省、黑龙江省	3
华东	上海市、江苏省、浙江省、安徽省、福建省、江西省、山东省	7
华中	河南省、湖北省、湖南省	3
华南	广东省、广西壮族自治区、海南省	3
西南	重庆市、四川省、贵州省、云南省、西藏自治区	5
西北	陕西省、甘肃省、青海省、宁夏回族自治区、新疆维吾尔自治区	5

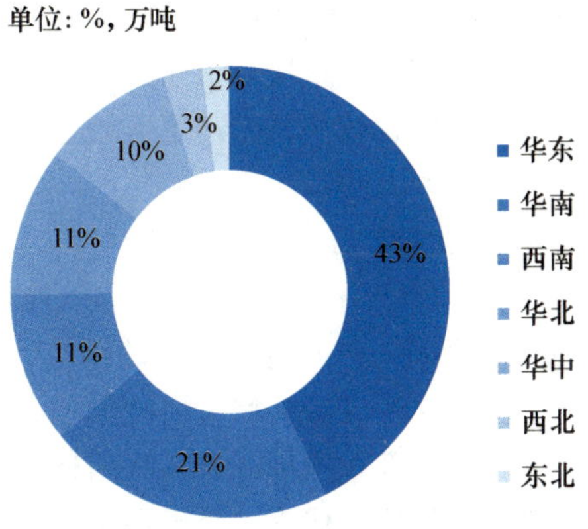

区域	消费量（万吨）
华东	344.4
华南	171.4
西南	86.9
华北	85.3
华中	77.3
西北	23.3
东北	16.1
合计	804.7

图 2-10　2017 年中国瓷砖粘结剂分区域消费量需求分布

从表 2-12 及图 2-10 可以看出：

1. 华东区域覆盖广，供需相对成熟

华东地区不仅是我国建筑陶瓷的主要生产聚集区之一，也是主要的经济、消费及城市建设的集中区域。其中，华东的江西宜春（高安、丰城、上高）、景德镇，福建晋江、闽清，山东淄博、临沂等地拥有规模化的建筑陶瓷生产基地；华东的上海、江苏、浙江、安徽等地是我国长三角的重点建设和发展区域，主要瓷砖粘结剂厂商在上海及周边城市均设有管理总部或销售中心。这对瓷砖粘结剂在华东区域的推广和销售均起到积极作用。2017 年，华东地区瓷砖粘结剂消费量占总体需求量的 43% 左右，约为 344. 4 万吨。

2. 华南区域供需集中，市场集中度高

华南区域以广东省为代表。广东是我国陶瓷种类最齐全，建筑陶瓷产量最大的省份，拥有众多大型陶瓷生产基地，如，广东佛山、清远、河源、肇庆、恩平等。其中，广东佛山以建筑陶瓷为主要支柱产业，是全国乃至全球最大的建筑陶瓷生产基地，当地拥有规模以上建筑陶瓷企业 60 多家，生产线 330 多条，从业人员超过 10 万人。广东地区成熟的建筑陶瓷产业，不仅带动了陶瓷砖本身的发展，而且也带动了瓷砖粘结剂的配套需求。此外，2016—2017 年，由于北方产区受环保压力影响，许多企业停产整治，为广东陶瓷产业腾出巨大的市场空间。

2017 年，华南地区瓷砖粘结剂消费量占总体需求量的 21% 左右，约为 171. 4 万吨。

3. 西南区域增长快，城市建设拉动需求

西南地区受益于国家西部大开发战略的影响，目前已经形成了与“长三角”相呼应的“成渝经济区”，在我国东中西互动区域发展战略中承接了重要的经济传递作用。2016—2017 年西南地区的固定资产投资规模及房屋建设竣工规模，超过华北、东北等北部的主要区域。四川、重庆、贵州、云南等省市主要城市的基础设施建设和房地产建设规模也增长较快，带动了区域建筑陶瓷及瓷砖粘结剂的需求。

2017 年，西南地区瓷砖粘结剂消费量占总体需求量的 11% 左右，约为 86. 9 万吨。

4. 北部及中部区域供需下降，环保要求严苛、城市建设步调略缓

北部及中部区域瓷砖粘结剂的需求，一方面受区域装修习惯的影响，对陶瓷砖的需求本身就低于南部地区。另一方面，北部及中部区域是我国近年来环保审查、整改的重点区域。其中，北部地区以华北为代表，受环保影响，河北高邑等建筑陶瓷生产集中地的生产企业限产或停产，行业供销均受到一定程度

的影响；北京等主要需求城市的城市及房屋建设进度在 2016—2017 年也逐步放缓。

中部地区的河南、湖北、湖南虽然拥有一定的建筑陶瓷生产规模，但龙头企业数量及规模较华南、华东地区仍存在一定差距，加上环保管理日渐严苛，对当地建筑陶瓷产业及瓷砖粘结剂的市场带来一定影响。

2017 年北部地区：华北、东北、西北三个区域的整体瓷砖粘结剂消费量占总体需求规模的 15% 左右，约为 124.7 万吨。华中地区瓷砖粘结剂消费量占总体需求规模的 10% 左右，约为 77.3 万吨。

2.2.3　中国瓷砖粘结剂流通渠道发展现状

一、瓷砖粘结剂销售渠道结构及需求分布

我国瓷砖粘结剂的销售渠道整体分为工程项目、零售分销两类。随着市场开拓的需要和电商等新兴渠道的兴起，目前瓷砖粘结剂的生产商、渠道商均不同程度地参与工程和零售渠道的开拓、管理及终端服务的各环节。其中：

“工程项目”渠道主要指：直接或间接将瓷砖粘结剂供应到房地产建设项目的流通渠道。在该渠道中，瓷砖粘结剂厂商及渠道商主要面向房地产商、瓷砖生产销售商、建筑装饰装修公司三类企业客户。

“零售分销”渠道主要指：直接或间接将瓷砖粘结剂销售给终端业主的流通渠道。在该渠道中，瓷砖粘结剂厂商及渠道商主要借助线上或线下店面，以及通过与瓷砖生产销售商、建筑装饰装修公司合作的方式，将瓷砖粘结剂销售给终端个人客户。

表 2-13 为中国瓷砖粘结剂分渠道消费量需求分布。

图 2-11 为中国瓷砖粘结剂的销售渠道结构现状。

表 2-13　2013—2017 年瓷砖粘结剂分渠道消费量需求分布

指标	2013 年	2014 年	2015 年	2016 年	2017 年
工程项目	55%	49%	46%	48%	51%
零售分销	45%	51%	54%	52%	49%

从需求规模来看，工程和零售渠道对瓷砖粘结剂的需求水平受房地产政策、房屋建设竣工标准和瓷砖粘结剂的产品推广程度的影响较大。

在工程渠道：一方面，2016—2017 年我国主要城市的基础设施建设、公共建筑的建设投入仍保持较高水平。另一方面，在国家大力发展绿色建筑、绿色建材的指导方针下，2016 年，山东、河南、上海、浙江、海南等省市集中出台了“鼓励新建住宅实行精装修”的竣工交付政策。2017 年，住建部发布了《“十三五”装配式建筑行动方案》，明确要求到 2020 年，全国装配式建筑占新建建筑的比例达到 15% 以上，其中重点推进地区达到 20% 以上，积极推进地区达到 15% 以上，鼓励推进地区达到 10% 以上。

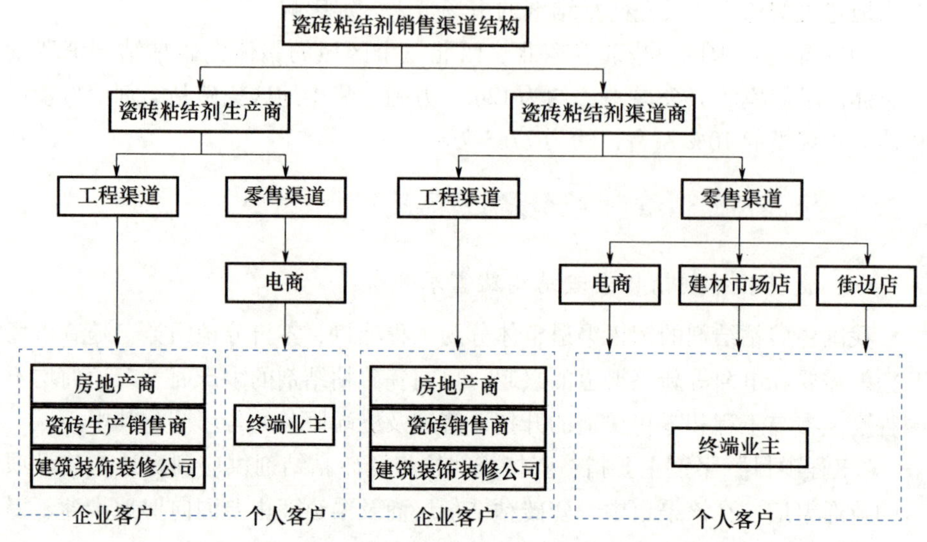

图 2-11　中国瓷砖粘结剂销售渠道结构现状

工程渠道单个项目的采购需求量大，项目影响力强，对瓷砖粘结剂的品牌推广和行业口碑的建立具有重要意义，瓷砖粘结剂的生产商、渠道商对工程渠道的重视程度都较高。而且瓷砖粘结剂本身具备较优异的产品性能，施工效率高，主要厂商通过引进外资的施工管理标准，不但能够提升房屋的装修品质，对房地产商而言也能起到品牌“强强联合”的效果，增加房屋卖点。

在零售渠道：2013—2017 年，随着瓷砖粘结剂的生产和销售渠道逐步成熟，在一、二线城市，瓷砖粘结剂的产品推广和消费者认知逐步提升。但是受 2016—2017 年国家房地产调控政策的影响，一、二线城市的房地产开发和房屋交易受到不同程度的限制和影响，新房和二手房交易频次放缓，居民购房和换房意愿降低，从而影响了零售渠道终端业主对瓷砖粘结剂的采购需求。在三、四线城市，瓷砖粘结剂的产品推广尚处于初期，终端业主对产品认知不足，零售渠道的需求尚待挖掘。

因此，整体来看，受国家房地产政策大环境影响，房地产工程项目总量下降，房屋销售市场需求收缩，但是受“精装修”“绿色建筑”等建筑行业的政策利好，瓷砖粘结剂在工程项目中的应用比例大幅提升，成为其近两年超越零售渠道占据市场主要份额的重要因素。

二、瓷砖粘结剂渠道推广方式现状

由于工程和零售渠道面向的终端客户不同，因此瓷砖粘结剂在不同渠道的推广方式和推广重点也有所差别。

（一）工程渠道注重产品品质及综合服务能力，深度合作有利于渠道开拓

在工程渠道，结合三类企业客户——房地产商、瓷砖生产销售商、建筑装饰装修公司的业务需求特点进行推广。这三类客户重点关注瓷砖粘结剂的产品性能、稳定供货能力、服务和售后能力等，其与瓷砖粘结剂厂商和渠道商之间既存在产品供需关系，又存在战略合作、业务合作的依存关系。

因此，在工程渠道，瓷砖粘结剂生产商更倾向通过厂商自有销售团队或合作关系较紧密、实力较强的渠道商，与企业客户达成单次或战略合作关系，通过打造项目标杆或采取互利双方的合作模式，在工程项目领域赢得口碑和项目机会。

（二）零售渠道注重品牌知名度及性价比，多维度品牌宣传有利于渠道开拓

在零售渠道，瓷砖粘结剂厂商和渠道商主要面向终端业主，产品主要借助线上电商平台、线下实体店面和合作的装饰装修公司等，进行产品推广、宣传和销售。由于终端业主在装修过程中对辅料的重视和认知程度相对较低，因此品牌知名度、装饰装修公司的推荐对终端业主的购买决策影响度较高。这使得瓷砖粘结剂厂商更倾向采取设立专卖店、增加在网络或电视的曝光度、与区域主要装饰装修公司合作的方式，更好地触动消费者并影响其购买决策。

值得一提的是，近年来借助互联网，家装行业的销售和服务模式发生巨大变化，“互联网＋”模式为有实力的建材企业、装饰装修公司提供了与消费者互动的平台和机会，不仅提升了品牌知名度，而且能够有机会直接采集并影响消费者的装修决策，从而指导产品的研发和销售。

2.3　中国瓷砖粘结剂行业利益相关者态度

根据前述章节对瓷砖粘贴产业链及主要利益相关者的研究，瓷砖粘结剂作为建筑工程中的辅料，其发展不仅取决于瓷砖粘结剂行业本身，还与建筑陶瓷

市场、终端消费市场等关联市场的发展及产品接受度息息相关。因此，研究团队特地选取了陶瓷厂、瓷砖粘结剂渠道伙伴、终端业主三类群体，进行定量调查，分析三类群体对瓷砖粘结剂的产品认知、品牌认知、态度情况、合作意向等，以更好地指导瓷砖粘结剂行业进行有针对性的产品推广、业务拓展和服务提升，促进行业的健康发展。

本部分数据及信息的采集主要通过线上及线下的问卷发放、电话访谈、市场实地走访的形式获取。样本选取尽量覆盖主要的样本类型和核心用户，但由于未能进行全行业普查，因此分析结果虽然具备一定的代表性，但尚不能覆盖全体，不排除其他态度及需求的存在。

2.3.1 陶瓷厂对瓷砖粘结剂的态度

整体而言，陶瓷厂对瓷砖粘结剂的态度与其瓷砖产品所定位的市场相关度较高。高端陶瓷品牌更注重品牌形象，也在打造“产品 + 服务”的业务模式，增加消费者对其产品的信赖和黏性。通过“战略合作”“品牌代理”等方式与知名品牌的瓷砖粘结剂厂商达成合作关系，推荐采用合作品牌的瓷砖粘结剂进行规范施工，不仅能更好地确保其瓷砖粘贴效果，而且有一定的售后保障，并能形成强强联合的效果。

中端陶瓷厂对瓷砖粘结剂产品也存在一定的接受度，但其更注重短期的经济利益，因此“品牌代理”“按单合作”是其首选的合作方式。

低端陶瓷厂对瓷砖粘结剂产品的整体认知尚不够清晰，接受度也不高，这与其“低价走量”的销售模式有关，这也决定了其不会关注消费者对辅料的需求。

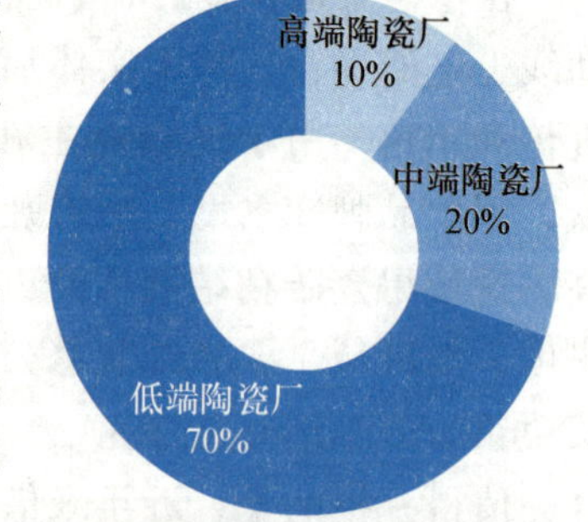

图 2-12 陶瓷厂调研样本结构

图 2-12 为陶瓷厂调研样本结构。

从调研样本的具体态度和观点来看：

一、产品认知：中高端及以上陶瓷厂明确知晓瓷砖粘结剂产品

尽管瓷砖粘结剂在 20 世纪 90 年代就已经进入中国市场，且作为粘贴辅料与陶瓷砖具有较强的相关性，但是在受访的陶瓷厂中，对瓷砖粘结剂的产品认知度仅达到 60%。其中高端和中端陶瓷厂对瓷砖粘结剂产品 100% 明确知晓，而“认知不清”的陶瓷厂以低端陶瓷厂为主。“认知不清”指陶瓷厂将瓷砖粘结剂与其他辅料混为一谈。这反映出：

（1）高端及中高端瓷砖的铺贴工程对瓷砖粘结剂的需求更集中，因此瓷砖粘结剂厂商更侧重针对高端及中高端陶瓷厂进行业务沟通和产品推广；

（2）我国建筑陶瓷行业中，尚有大量陶瓷厂仍处于单纯的产品销售阶段，对售后服务的追踪和提升、“产品 + 服务”的业务模式的关心和接受度尚不高；

（3）瓷砖粘结剂行业与建筑陶瓷行业之间需要进一步加强企业交流和产品合作，以整体推动瓷砖粘贴行业从行业端进行升级。

图 2-13 为各类陶瓷厂对瓷砖粘结剂的认知情况。

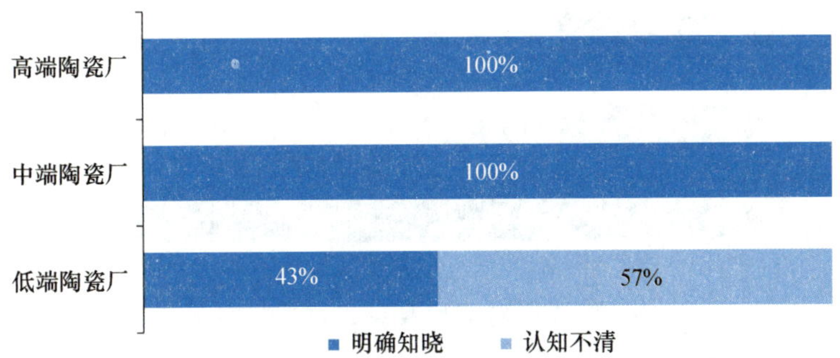

图 2-13　陶瓷厂对瓷砖粘结剂的认知情况

二、品牌认知：瓷砖粘结剂行业品牌众多，品牌宣传力度仍需加强

对瓷砖粘结剂“有明确认知”的陶瓷厂中，对瓷砖粘结剂品牌提及率较高的 TOP 品牌分别是德高、华砂（雨虹）、唐姆、雷帝、马贝、立邦，知晓这些品牌的原因主要是：

（1）品牌宣传力度较大，在建材行业内比较知名；

（2）在全国开设了较多的终端门店，品牌形象较好；

（3）经常参加建材展会，与行业内企业交流较多，有一定的品牌影响力；

（4）经常举办瓷砖铺贴大赛等市场推广活动。

图 2-14 为陶瓷厂对瓷砖粘结剂品牌的认知情况。

三、推荐态度：陶瓷厂顾虑较多，绝大多数厂商不愿冒风险推荐

尽管中高端陶瓷厂都明确知晓瓷砖粘结剂产品，但是当涉及“是否愿意推荐用户采购瓷砖时配套使用瓷砖粘结剂”时，明确知晓瓷砖粘结剂产品的陶瓷厂中，80% 的厂商持拒绝态度，仅有 20% 的陶瓷厂愿意推荐。不愿意推荐的主要原因是：

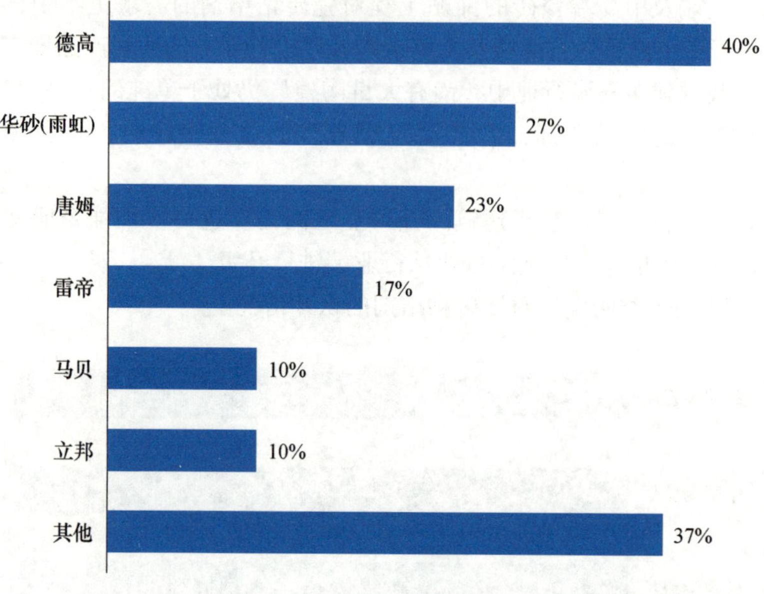

图 2-14　陶瓷厂对瓷砖粘结剂品牌的认知情况

注：① 品牌提及率 = 品牌提及量 ÷ 明确知晓瓷砖粘结剂的样本总量；
② 其他品牌包括亚地斯、能高、西卡、汉高等。

（1）瓷砖粘结剂作为辅料相对于瓷砖等主材，产品利润率低，单次销量不高，若要推荐用户配套采购瓷砖粘结剂，不仅增加了销售难度、费时，而且并不能有效提高销售利润；

（2）用户对瓷砖的品牌认知度较高，对瓷砖粘结剂的品牌认知度相对较低，若推荐，易给用户造成捆绑销售的心理，引起顾客反感，影响销售和品牌形象；

（3）装修公司的工长对瓷砖粘结剂的使用起到很大的推荐和决定性作用，陶瓷厂认为推荐瓷砖粘结剂易触及工长利益，反而对其瓷砖销售带来不利影响；

（4）尽管瓷砖粘结剂较传统水泥砂浆粘结力强，但对装修工人的施工规范性要求较高，而且目前瓷砖越来越轻薄化，若装修工人操作不当，易出现瓷砖破裂的情况，此时消费者会认为责任在陶瓷厂，从而给陶瓷厂造成负面影响。

图 2-15 为明确知晓瓷砖粘结剂产品的陶瓷厂中推荐使用瓷砖粘结剂的态度情况。

四、合作需求：高端陶瓷厂合作意愿更强，品牌代理和战略合作是首选

对瓷砖粘结剂“有明确认知”的陶瓷厂中，有 77% 的陶瓷厂不愿意与瓷砖粘结剂厂商合作，仅 23% 的陶瓷厂有合作意愿。其中：

1. “不愿意合作”的陶瓷厂以中低端的瓷砖品牌为主，主要原因为：

（1）中低端的瓷砖品牌以“走量”为主，认为选择其瓷砖品牌的终端业主更注重成本，更愿意选择成本较低的水泥砂浆，因此没有必要与瓷砖粘结剂厂商合作；

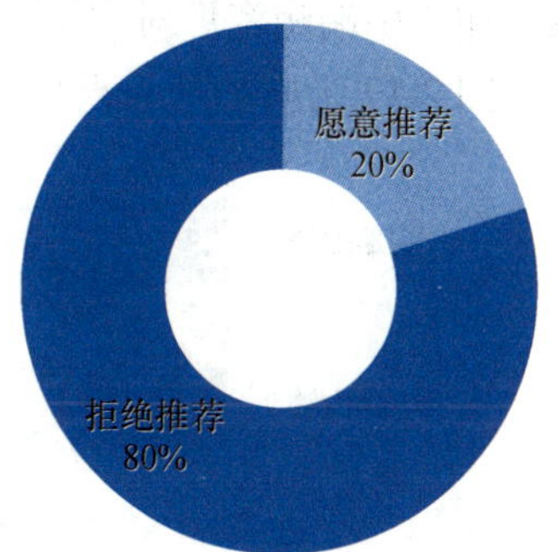

图 2-15　推荐使用瓷砖粘结剂的态度情况

（2）中低端瓷砖品牌的经销商在销售瓷砖时，若连带销售瓷砖粘结剂，经常出现：①终端业主更注重价格，认为水泥砂浆性能也可以，没必要购买瓷砖粘结剂；②瓷砖粘结剂作为辅料，价格相对瓷砖便宜，用户经常会讨价还价，要求经销商直接赠送瓷砖粘结剂，不仅未能增加经销商销售收入，反而增加了销售成本。

（3）在辅料品牌的选择上，装饰装修公司的推荐和决定作用较强，中低端及以下的瓷砖品牌与装饰装修公司存在更深的合作关系，不愿触及装饰装修公司利益，而影响其瓷砖销售。

（4）中低端及以下品牌的陶瓷厂对渠道的控制力度较弱，在终端销售时，渠道商较厂商更为强势，厂商很难强制要求经销商进行其他产品的代售或代理。

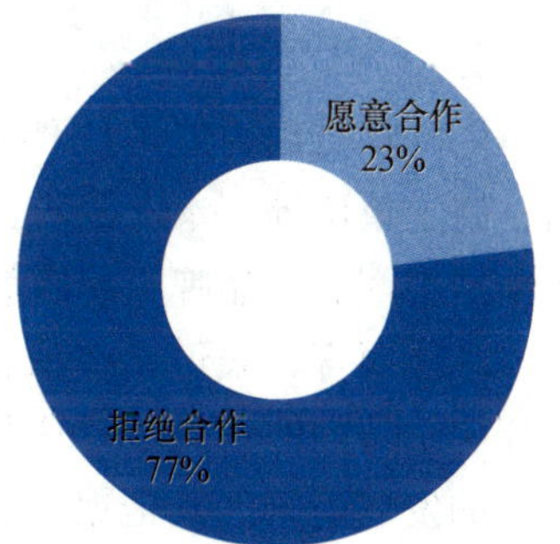

图 2-16　陶瓷厂与瓷砖粘结剂厂商的合作态度

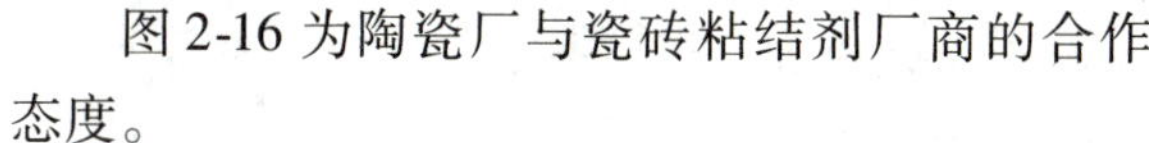

图 2-16 为陶瓷厂与瓷砖粘结剂厂商的合作态度。

2. “愿意合作”的陶瓷厂以高端陶瓷品牌为主，主要考虑因素为：

（1）高端陶瓷厂更注重品牌形象，愿意与瓷砖粘结剂厂商达成战略合作，以进一步强化品牌形象和市场竞争力。

（2）高端瓷砖品牌更希望终端业主选择一些与其品牌相匹配的铺贴产品以确保粘贴品质，也打造陶瓷厂注重“产品 + 服务”的品牌形象。

（3）高端瓷砖品牌厂商相对强势，经销商多依附于厂商，能够较好地执行公司的战略合作规划。

3. 具体合作模式需求方面

“愿意合作”的陶瓷厂中，提及率较高的合作模式是“品牌代理”，占比93%；其次是“战略合作”占比74%。其中，高端陶瓷厂对“战略合作”更感兴趣，中端陶瓷厂对“品牌代理”和“按单合作”的青睐度更高。

图2-17为陶瓷厂对合作模式的需求情况。

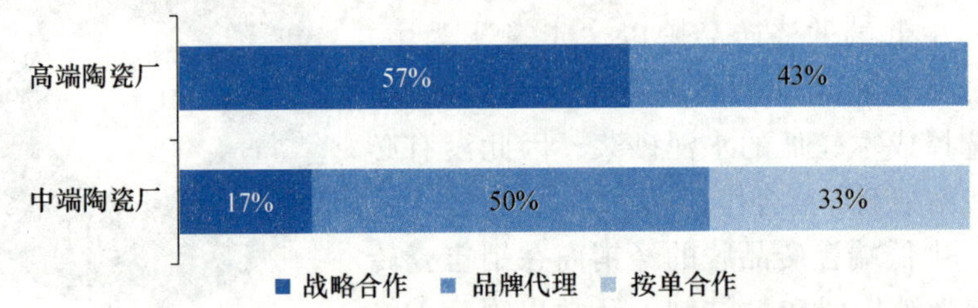

图 2-17 陶瓷厂对合作模式的需求情况

注：①“战略合作”指陶瓷厂与瓷砖粘结剂厂商在企业层面达成合作；

②“品牌代理”指陶瓷厂允许其渠道商以代理形式，增加瓷砖粘结剂销售业务；

③“按单合作”指根据具体项目情况，与瓷砖粘结剂厂商按项目单次签约单次合作。

2.3.2 渠道伙伴对瓷砖粘结剂的态度

瓷砖粘结剂的渠道伙伴主要包括陶瓷销售商、辅料销售商、装饰装修公司、施工单位等。本次调研选取了这四类渠道伙伴进行抽样调研，了解其对瓷砖粘结剂产品、品牌、使用效果、合作方面的态度及意愿。

总体而言，渠道合作伙伴中，辅料销售商对瓷砖粘结剂的认知和接受度较高，并看好该产品的发展前景。其他渠道伙伴中，全国及大型连锁装修公司、高端陶瓷销售商对瓷砖粘结剂也较为认可，愿意通过战略合作或品牌代理模式与瓷砖粘结剂厂商达成合作，一方面提升自身的利润来源，一方面增加自身的品牌知名度。

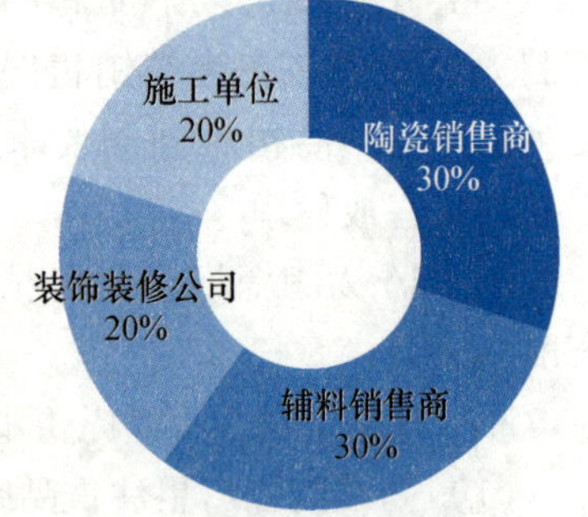

图 2-18 渠道伙伴样本结构

图2-18为本次调研的渠道伙伴样本结构。

从调研样本的具体态度和观点来看：

一、产品认知：非专业辅料销售渠道，对瓷砖粘结剂的认知尚需普及

瓷砖粘贴辅料目前主要以水泥砂浆和瓷砖粘结剂为主，但是在建材流通

和销售渠道中，仍有部分渠道伙伴，对瓷砖粘结剂产品认知不清。在受访的渠道伙伴中，辅料销售商全部明确知晓瓷砖粘结剂产品，但其他非专业销售辅料的渠道伙伴，如陶瓷销售商、装饰装修公司、施工单位，都存在产品认知不清的情况。比如，将瓷砖粘结剂与类似辅料的名称、性能产生混淆等。这反映出：

（1）瓷砖粘结剂在渠道中的推广、宣传尚未普及到位，行业和厂商需要合力推动辅料及其相关合作渠道对产品的认知，以借助更宽泛的建材渠道，更好地进行产品的应用推广。

（2）瓷砖粘贴材料行业本身尚需加强产品管理，规范产品品类、性能、型号、标准等。

图 2-19 为各类渠道伙伴对瓷砖粘结剂的认知情况。

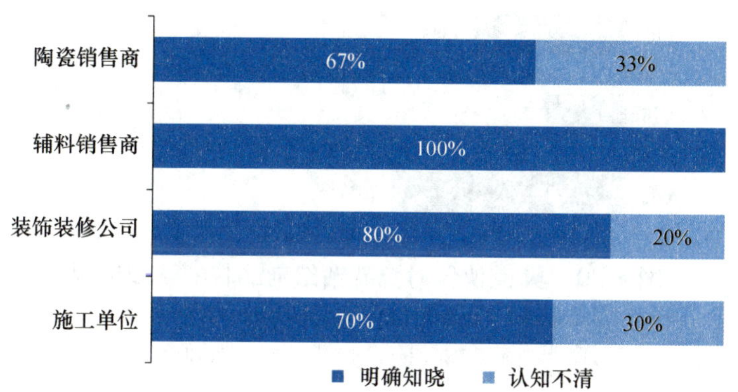

图 2-19　渠道伙伴对瓷砖粘结剂的认知情况

二、品牌认知：完善渠道布局，增加宣传途径，有利于提升品牌知名度

对瓷砖粘结剂“有明确认知”的渠道伙伴中，对瓷砖粘结剂品牌提及率较高的主要是德高、雷帝、华砂（雨虹）、能高、唐姆、汉高、马贝，知晓这些品牌的原因主要是：

（1）知晓品牌的渠道建设相对完善，布局的网点和合作伙伴相对较多。

（2）知晓品牌与装修公司、地产商等有合作，并借助合作伙伴进行品牌宣传。

（3）知晓品牌的宣传途径较多，经常参与展会、建有品牌形象店、参与制定行业标准并经常进行活动宣传等。

图 2-20 为渠道伙伴对瓷砖粘结剂品牌的认知情况。

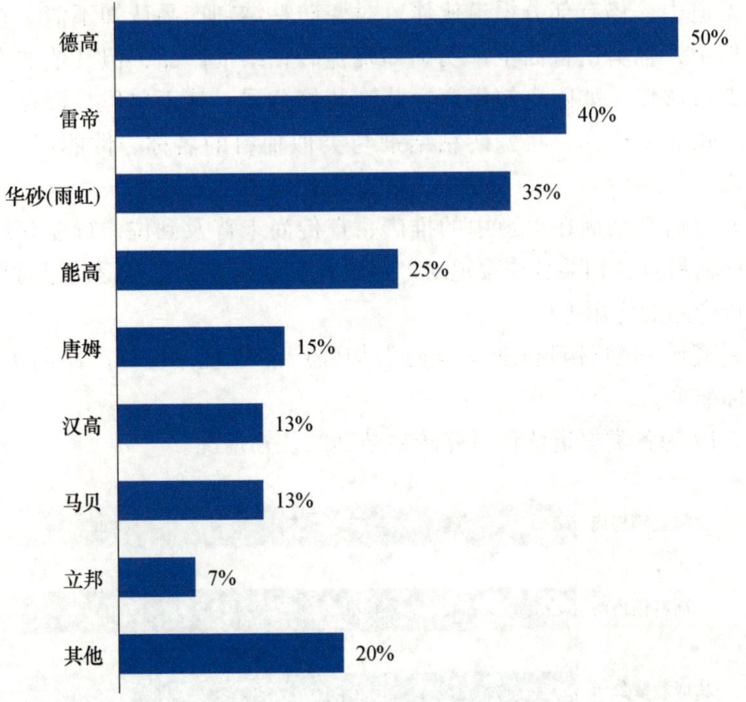

图 2-20　渠道伙伴对瓷砖粘结剂品牌的认知情况

注：① 品牌提及率 = 品牌提及量 ÷ 明确知晓瓷砖粘结剂的样本总量；
② 其他品牌包括能高、亚地斯、西卡、伟伯等。

三、推荐态度：施工标准高是影响渠道伙伴推荐态度的主要因素

调研的渠道伙伴中，有 60% 的渠道伙伴“愿意推荐”用户使用瓷砖粘结剂，这部分渠道伙伴以辅料销售商、装饰装修公司为主；而“不太愿意推荐”的渠道伙伴以瓷砖销售商、施工单位为主。

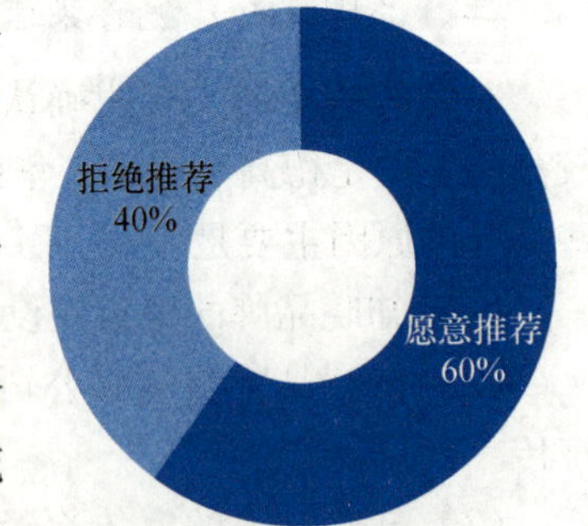

图 2-21　推荐使用瓷砖粘结剂的态度情况

图 2-21 为渠道伙伴推荐配套瓷砖使用瓷砖粘结剂的态度情况。

两种态度的差异主要体现在产品性能、价格、施工操作几个环节。其中，渠道伙伴对施工操作的态度，说明瓷砖粘结剂行业需要重点针对装饰装修公司、施工单位及其工头、施工工人进行施工工艺、操作流程等方面的知识培

训，同时需要以更形象、简洁的方式加强在渠道端的产品宣传推广，提高渠道及其触达终端对瓷砖粘结剂产品及施工工艺的认知。

行业厂商需要重视并着力推广瓷砖粘结剂应用技术，以提升市场对瓷砖粘结剂的施工要求、流程等关键信息点的认知，提高渠道伙伴的推荐意愿。

推荐/不推荐瓷砖粘结剂的主要原因如表 2-14 所示。

表 2-14　推荐/不推荐瓷砖粘结剂的主要原因

推荐原因	不推荐原因
性能优异：瓷砖粘结剂粘结力强，大尺寸、吸水率低的瓷砖必须使用瓷砖粘结剂进行铺贴； **环保**：瓷砖粘结剂相比水泥砂浆能够有效保障施工工人及终端业主的健康，更环保； **施工便捷**：瓷砖粘结剂施工更便捷，前期不需要对墙地面及瓷砖进行打湿处理，加水调和即可使用，不需要现场配比，性能更稳定	**价格较高**：瓷砖粘结剂的价格较高，终端用户不理解，接受度低； **找平要求高**：使用瓷砖粘结剂时，施工前期需要对墙地面进行找平处理，找平要求高； **施工要求高**：瓷砖粘结剂较水泥砂浆稀，铺贴时无法直接固定瓷砖，需要专业的辅助工具，施工技术要求高，且施工过程瓷砖粘结剂不能搁置太长时间，超过时间将无法使用

四、合作需求：稳固辅料销售渠道，借助代理、项目合作等模式积极开拓其他渠道伙伴

对瓷砖粘结剂“有明确认知”的渠道伙伴中，有 25% 的渠道伙伴拒绝与瓷砖粘结剂厂商合作，75% 的渠道伙伴愿意与瓷砖粘结剂厂商合作。其中：

1. “不愿意合作”的原因

25%“不愿意合作”的渠道伙伴以低端陶瓷销售商和区域性中小型装修、施工单位/队为主，主要原因：

（1）低端瓷砖销售商本身的瓷砖销售压力较大，较难有更多的时间和资金投入其他产品，考虑合作问题时顾虑较多。

（2）区域性中小型装修公司、施工单位更注重签单率，而其服务的终端业务一般更关注装修价格，因此尽管在设计方案时，其会提供瓷砖粘结剂的备选方案，但不会强制用户使用。

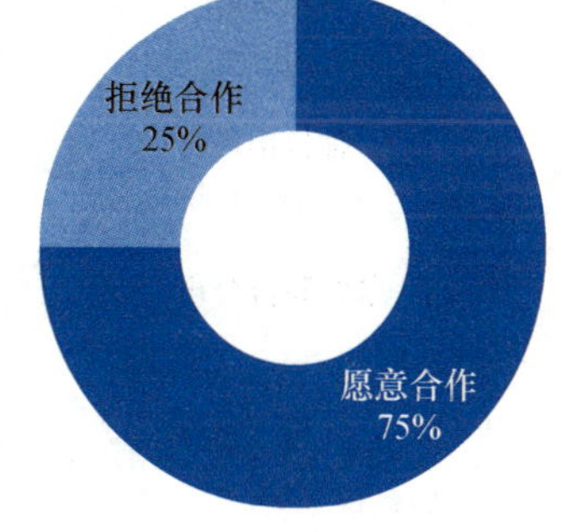

图 2-22　渠道伙伴与瓷砖粘结剂厂商的合作态度

图 2-22 为渠道伙伴与瓷砖粘结剂厂商的合作态度。

2. “愿意合作”的原因

75%“愿意合作”的渠道伙伴，以辅料销售商、中高端的瓷砖销售商、

大型装饰装修公司为主，主要考虑因素：

（1）辅料销售商作为瓷砖粘结剂的主要销售渠道，产品认知度高，认为瓷砖粘结剂较传统水泥砂浆确实具备粘结力强、铺贴效果好的优势，符合建材行业主流趋势，看好其未来发展前景，愿意继续代理瓷砖粘结剂产品。

（2）中高端瓷砖销售商虽然有合作意愿，但表示能否达成合作，还要考虑其所代理的陶瓷厂的态度，希望瓷砖粘结剂厂商能够从厂商层面推动合作和代理达成。

（3）装饰装修公司中全国性、大型连锁公司更愿意与瓷砖粘结剂厂商合作，但更倾向在瓷砖粘结剂认知度高的区域与区域知名品牌合作。其主要原因：一方面瓷砖粘结剂的装修效果好，更能凸显装修公司的品牌形象；另一方面直接与厂商合作，有一定质量及安全事故保障，增加业主对装修公司的信任度。

3. 具体合作模式需求方面

“愿意合作”的渠道伙伴中，提及率较高的合作模式是“品牌代理”，其次是“按单合作”。其中，辅料销售商和陶瓷销售商倾向选择品牌代理模式，全国及大型连锁装修公司更愿意选择战略合作，区域性中小型装修公司倾向品牌代理和按单合作，施工单位更倾向按单合作或与瓷砖粘结剂销售商达成松散的合作关系。

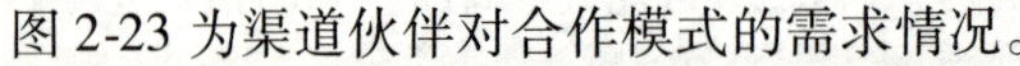
图 2-23 为渠道伙伴对合作模式的需求情况。

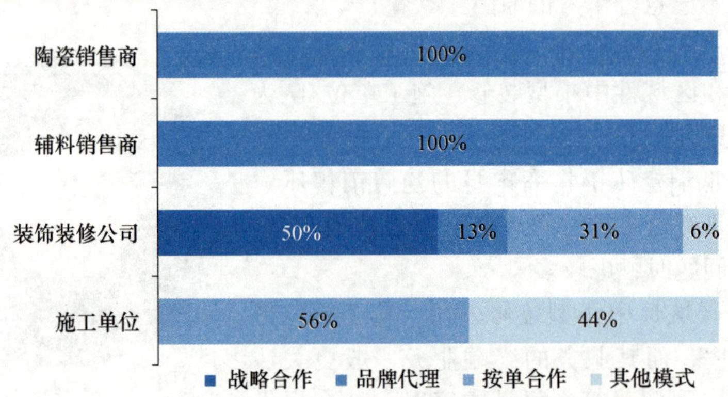

图 2-23 合作伙伴对合作模式的需求情况

注：①“战略合作”指渠道伙伴与瓷砖粘结剂厂商在企业层面达成合作；

②“品牌代理”指渠道伙伴以代理形式增加瓷砖粘结剂销售业务；

③“按单合作”指根据具体项目情况，与瓷砖粘结剂厂商按项目单次签约单次合作。

④“其他模式”指与瓷砖粘结剂销售商之间达成松散的合作关系，有具体需求时优先考虑。

2.3.3　终端业主对瓷砖粘结剂的态度

“终端业主”主要指拥有房屋产权的普通个人消费者，不包括具有瓷砖粘结剂及相关行业工作经验的专业消费者。

由于瓷砖粘结剂目前在一、二线城市的宣传和推广相对成熟，因此重点抽取了“近一年内有过装修经历的一、二线城市终端业主”进行问卷调研，以了解在普通的个人消费者层面，使用瓷砖粘结剂的情况、品牌认知、购买渠道偏好和实际使用感受。

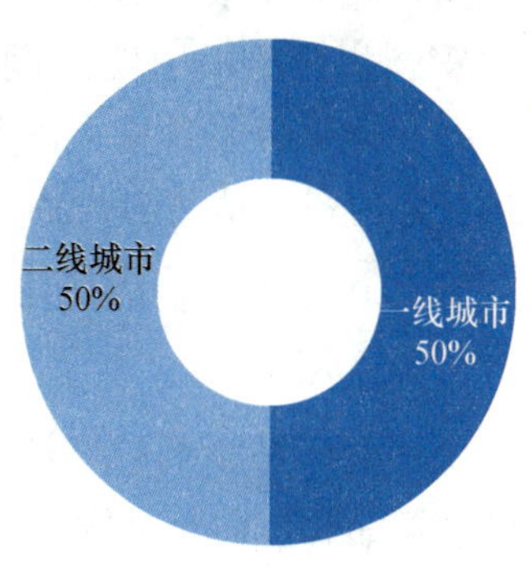

图 2-24　终端业主分城市等级样本结构

图 2-24 为终端业主分城市等级样本结构。

从调研样本的具体态度和观点来看：

一、产品认知及使用偏好：一、二线城市业主对瓷砖粘结剂具有较高的接受度

产品认知方面：在受访的终端业主中，“明确知晓所采用的粘贴材料类型”的业主占 81%，其他 19% 的终端业主“不清楚或不关心具体采用了何种瓷砖粘贴材料，只要最终的装修效果达到预期即可”。

图 2-25 为终端业主选用的瓷砖粘贴材料情况。

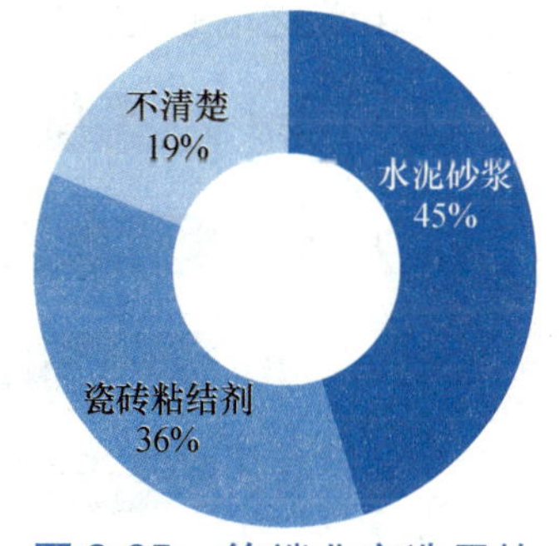

图 2-25　终端业主选用的瓷砖粘贴材料情况

从使用的材料类型来看，一、二线城市受访样本中，水泥砂浆仍是目前主要的瓷砖粘贴材料，占比 45% 左右；而瓷砖粘结剂的使用比例也达到 36% 左右。说明在一、二线城市终端业主已经相对易于接受瓷砖粘结剂作为粘贴材料，其选择瓷砖粘结剂的主要考虑因素是：

（1）瓷砖粘结剂厂商在一、二线城市的宣传力度大，渠道布局更完善，终端业主对瓷砖粘结剂的认知度更高。

（2）一、二线城市房价相对较高，多数业主选择“薄贴法”铺贴瓷砖，以增加房屋室内面积。

（3）一、二线城市的房屋装修成本整体较高，业主具备一定的经济实力也更注重装修质量和施工效率。

（4）相对于水泥砂浆，瓷砖粘结剂的粘结力强，安全无毒，装修美观，不空鼓，也不用担心掉砖问题。

（5）水泥砂浆价格上涨明显，多数业主更愿意选择价格相对略高但粘贴效果更好的瓷砖粘结剂产品，近年来瓷砖粘结剂使用比例呈上升趋势。

二、品牌认知：终端业主的品牌认知度整体较低，个别品牌消费者印象深刻

使用瓷砖粘结剂的终端业主中，有 40% 的终端业主并不清楚所使用的瓷砖粘结剂品牌，而只是停留在知道瓷砖粘结剂产品的层面。其他业主提及的瓷砖粘结剂品牌中：德高、华砂（雨虹）、唐姆的提及率相对较高。其主要原因：

（1）知晓品牌的终端门店数量相对较多，终端业主更易于通过门店宣传了解品牌及产品。

（2）知晓品牌注重品牌及产品宣传，线下参与全国瓷砖铺贴大赛；线上通过与房屋装饰装修类节目及平台合作，扩大品牌传播途径，增加终端受众。

图 2-26 为终端业主提及的瓷砖粘结剂品牌情况。

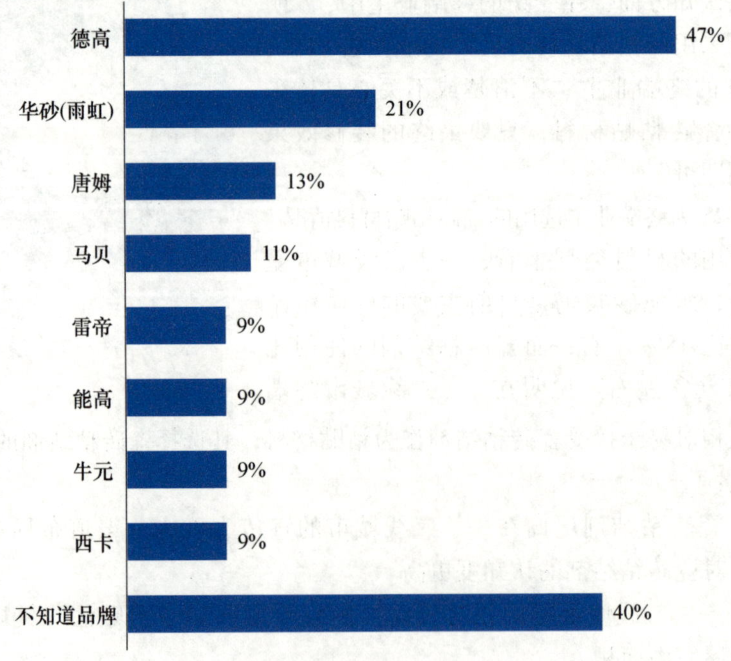

图 2-26　终端业主提及的瓷砖粘结剂品牌情况

三、购买方式：一、二线城市业主自主决策意愿强，装修公司的推荐方案具有一定的引导作用

使用瓷砖粘结剂的终端业主中，“自主购买”瓷砖粘结剂的业主占 50%（包括工长推荐业主自行购买），这部分业主对瓷砖粘结剂产品及品牌均有一定的认知；45% 的业主主要为“装饰装修公司整包方案或施工单位代购”；其他 5% 的业主主要采用“瓷砖搭赠的瓷砖粘结剂”。分类来看：

（1）瓷砖粘结剂在一、二线城市的产品推广相对普及，终端用户本身也愿意了解装修材料的性能、品牌，以达到更好的装修效果，因此对装修材料具有较独立的选择和决策权。

（2）装饰装修公司的推荐对瓷砖粘结剂的销售具有一定的推动作用，瓷砖粘结剂厂商应重视与装饰装修公司的品牌及产品合作。

（3）目前市场上部分瓷砖销售商会代售瓷砖粘结剂，终端用户在购买主材时，会要求瓷砖销售商赠送瓷砖粘结剂等辅料产品。

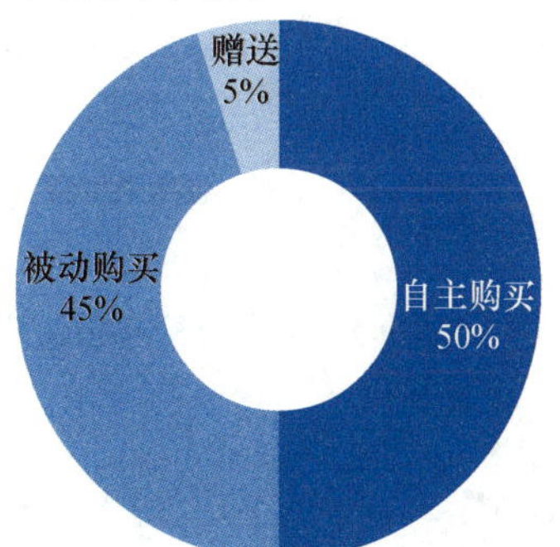

图 2-27　终端业主选购瓷砖粘结剂的方式

图 2-27 为终端业主选购瓷砖粘结剂的方式。

四、购买渠道：辅料销售店和装饰装修公司是瓷砖粘结剂最主要的销售渠道

终端业主在购买瓷砖粘结剂时，购买渠道多样，辅料销售店是瓷砖粘结剂最主要的销售渠道，其中多数是工长推荐购买。使用瓷砖粘结剂的终端业主中，通过辅料销售店购买瓷砖粘结剂的业主占 43%；其次是装饰装修公司提供整包方案或施工单位代购，合计占 35%；互联网作为新兴渠道，在一、二线城市虽然已经普及，但是通过网络平台采购辅料的用户仍较少。

上述渠道中，瓷砖粘结剂厂商在做好辅料销售渠道布局的同时，应加大与装饰装修公司和施工单位的合作，一方面其有利于提高终端业主对瓷砖粘结剂的认知和使用态度，另一方面对瓷砖粘结剂品牌的选择起到举足轻重的作用。

目前市场上多数瓷砖粘结剂品牌都通过产品培训及举办瓷砖铺贴技能大赛进行品牌宣传，同时增加与装修工人的互动和合作，进而希望借助装修公司或工人提高瓷砖粘结剂的销售。

图 2-28 为终端业主选购瓷砖粘结剂的渠道结构情况。

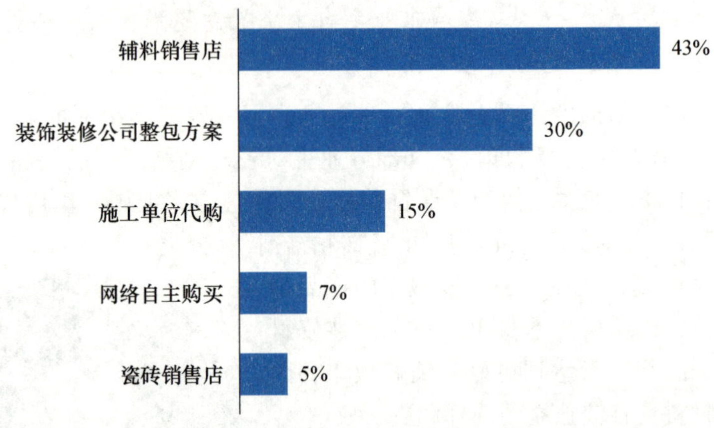

图 2-28 终端业主选购瓷砖粘结剂的渠道结构情况

2.3.4 利益相关者态度对行业的启发及警示

本报告采取了抽样方式对陶瓷厂、瓷砖粘结剂的渠道合作伙伴，以及部分终端业主进行态度分析，虽未能覆盖全体，但从代表样本所反馈的态度中，仍然能够看出：

（1）现阶段瓷砖粘结剂厂商仍需要从高端和中高端陶瓷品牌切入，采取更加灵活、多样的合作模式，促进陶瓷厂商与瓷砖粘结剂厂商的合作，从“产品＋服务”的角度，提高终端业主对瓷砖铺贴整体效果的关注。不仅有助于促进高端及新型建筑陶瓷产品的销售，同时带动了瓷砖粘结剂的销售，促进关联行业间形成相互合作、相互促进、共同进步的积极关系。

（2）无论是陶瓷厂、渠道伙伴还是终端业主，对瓷砖粘结剂的性能优势都具有较高的认可度，在产品替代趋势方面，认可其对传统水泥砂浆的替代作用。

但是现阶段，瓷砖粘结剂行业仍处于发展期，行业标准及技术规程仍处于完善和推广阶段，需要全行业企业、协会和相关管理单位共同努力，着力推进标准的实施和落地，普及瓷砖粘结剂产品标准及技术施工规范。在厂商端加强产品研发、质量管控，做好产品推广和品牌宣传，达到“质量”＋“口碑”双重效果；在渠道端加强产品的规范宣传，做好产品及施工技能知识的培训，从施工角度确保瓷砖粘结剂能够发挥其性能优势；在终端，加强终端业主对产品和施工流程的正确认知，使终端业主能够理性地认识到从瓷砖粘结剂的综合性价比高于其他粘贴材料，从而推动瓷砖粘结剂在行业层面的整体进步。

第3章 中国瓷砖粘结剂上下游市场现状

3.1 瓷砖粘结剂上游原材料市场运行现状

3.1.1 砂石骨料行业发展现状

一、砂石骨料行业运行现状

2017年中国经济发展已由高速增长阶段转向高质量发展阶段，因此也对我国砂石骨料行业绿色发展提出了更高要求，我国砂石骨料行业在绿色发展实践中，加速行业转型升级，加快工业化绿色环保化进程，推广新理念、新模式、新技术和高效节能环保装备的应用，加快标准现范和质量体系建设，加快砂石行业绿色矿山建设，构建绿色砂石骨料工业体系。

2017年全国在册的砂石骨料矿山总计20552家，同比递减10.93%，净减少2522家，砂石矿山在所有非煤矿中占据重要位置，占比达到23.81%。其中湖南、四川、贵州、云南、内蒙古、江西各省区均超过1000家，有待进一步整合压缩。而河南、湖北、陕西、甘肃、辽宁等地近年来砂石矿山不断压缩，数量已经缩减到1000家之内，矿山布局趋于合理。同时，相对整合关停力度较大的地区，诸如山东、浙江、江苏、安徽等省份，基本已完成资源整合，未来可能会有一定合理数量的新批矿山入市。

2017全国骨料价格基本呈现一路飙升的态势，平均离岸价格涨势为历年罕见，从2017年1月份的39元/吨上涨到12月份的57元/吨，累计平均涨幅高达46.15%，总体来看，前两季度表现为前期波动蓄力，后期发力攀升，至6月份，出现阶段性价格小高峰，后两季度，刚开始微弱回落。10月突然拉升至年内价格高峰。出现了58元/吨的平均行情，而后期随着年底工程缩减，行情开始震荡回落。从部分样本跟踪大中城市离岸骨料价格来看，2017年各样本城市均存在一定的价格上涨幅度，但价格上涨在区域分布上出现较大差异。

其中全年平均涨幅靠前的为华东地区的上海及华中地区的长沙、黄石等地，每吨骨料上涨量分别为 37 元、26 元、34 元及 29 元。而涨幅较小的邯郸、安阳等地也存在 5 ~ 20 元不等的价格提升。从统计数据和实际行情判别：2017 年各大中城市骨料平均离岸价格整体上涨趋势明显，涨幅高低各异。

二、砂石骨料行业发展特点

（一）环保风暴持续，砂石企业被迫整合升级

从 2015 年《中华人民共和国环保法》开始实施，污染较大的中小矿山面临关停困境，行业环保需求呈直线上升。2016 年 12 月底，《中华人民共和国环境保护税法》（简称《环保税法》）正式颁布，并将于 2018 年 1 月 1 日起施行。《环保税法》将排污费“平移”到环保税，征收对象为大气污染物、水污染物、固体废物和噪声。对砂石骨料行业来说，粉尘、洗砂污水、噪声的排放都将征收环保税，传统生产线将面临税负成本上升的困境。2017 年中央环保督察组继续进驻其余省份，对非法、污染的砂石企业停产拆除，环保风暴刮向全国。

从 2017 年开始，我国部分地区长期被雾霾笼罩，与 2016 下半年遭遇相同的是砂石行业面临政策性强制停产、停运，砂石、水泥、混凝土、工地产业链停摆。以石家庄市为代表的城市甚至要求砂石行业在 2018 年一季度全面停产。随着我国社会对该现象认识的加深，政府部门将采取更加严厉的手段治理雾霾，砂石行业将面临无法预测的停产、停运要求。

（二）“大基建”为骨料需求提供坚定支撑

2017 年基建仍是政府稳增长的重要手段，“一带一路”倡议、公路、铁路、海绵城市、地下管廊、城市群建设等项目将持续发力。据统计，每平方米城镇建筑的砂石骨料用量平均为 800 千克，每千米高速公路砂石骨料的用量为 5.4 万 ~6 万吨，每千米高铁砂石骨料的用量为 5.6 万 ~ 8.64 万吨，地铁每千米造价从 5 亿元上升到 8 亿元，比地上建筑用量要大。

（三）行业集中度上升，大型骨料生产线在低热度中持续上马

据国土资源部统计，2016 年前 11 个月全国共注销采矿许可证 4841 个，其中砂石土矿注销量占大多数，但全年累计出让采矿权只有 1654 个，注销数量远大于新增数量。2017 年我国各地“小、散、乱”砂石矿权注销仍在持续。

在基建投资的支撑下，我国砂石骨料需求并未出现巨幅滑坡。在整体需求未出现大变动的情况下，砂石矿权数量的减少则意味着行业集中度的上升。大中型环保骨料线在 2016 年持续布局，矿权审批、环保标准等要求不断提高，预计今年大产量骨料线建设数量和整体产量仍比较可观，但很难延续前几年的

高热度。

（四）骨料矿山信用约束、社会监督新时代开启

根据已实施的《矿业权人勘查开采信息公示办法（试行）》，全国矿业权人应在每年1月1日至3月31日通过信息公示系统主动填报年度信息并公示。在2017年3月31日后，社会大众就能通过国土资源部主办的“全国矿业权人勘查开采信息公示系统”查阅全国合法砂石矿山的开采信息。未来将有力推进行业向社会透明，强化社会对砂石骨料矿山的监督。

（五）建筑垃圾资源化利用将会是必然趋势

随着废弃物循环利用技术逐步成熟，“城市矿山”“绿色能源”的概念得到认可，尾矿及建筑垃圾成为新的骨料来源。既能降低建筑垃圾堆放造成的土地占用，同时也减少了水体污染和大气污染，节约了天然骨料资源，又有利于环境保护，对保护现有耕地面积、保护河道安全等环保问题都具有深远的意义。未来在我国各项利好政策的大力推动下，建筑垃圾资源化产业将呈现更积极乐观的态势。

2017年1月1日实施的《循环经济发展评价指标体系》将一般工业固废、建筑垃圾再利用水平与各地申请相关资金、政策支持挂钩，这无疑将极大激起地方政府、企业上马相关项目的热情，行业发展将加速。而《建筑垃圾资源化利用行业规范条件》等的生效会将正在快速发展的相关行业拉入规范化的轨道。我们认为，2017年建筑垃圾资源化、固废利用行业呈现出发展速度与质量并重的局面。

（六）国内移动破碎筛分，市场提升迅速

移动破碎筛分生产线具备灵活性，可以实现一次性物料的破碎筛分，设备占地面积小、投产更迅速。随着我国用户观念的改变以及建筑垃圾、固废处理行业的蓬勃发展，我国移动破碎筛分市场仍将火热。2017年，郑州鼎盛、世邦、克磊镘、凯斯特等企业设备先后在建筑垃圾利用、骨料矿山领域应用得到扩展；McCloskey品牌旗下的世邦机器，特雷克斯旗下Powerscreen品牌分别进入中国市场。

（七）企业转型、强强联合步伐加快

2016年开始，砂石骨料行业不断整合、强强联合：冀东与金隅区域整合；海德堡水泥收购意大利水泥；北方重工与艾法史密斯成立合资公司，进军中端破碎市场；世邦机器成为McCloskey中国代理；TrioR成为Weir矿业（中国）后海内外市场更加广阔；国外则有山特维克与德国申克的合作等。2017年，经济社会发展的“新常态”促使骨料生产企业和装备提供商继续整合升级、与互补企业强强联合。

3.1.2 水泥行业发展现状

一、水泥行业运行现状

2017 年全国水泥产量为 23.16 亿吨，同比下滑 0.2%，较 2016 年同期基本持平，增速由上年的增长转为略有下降，总体表现出水泥需求进入平台期。从宏观层面看，2017 年全国固定资产投资增速延续下行走势，增速较上一年继续回落至 8% 以下的低点；房地产投资增速与上年相比略有提升，房地产开发企业施工面积和新开工面积同比保持增长，但增速较上年略有回落，房地产开发企业土地购置面积则较上年同期大幅增长；基建投资保持高速增长且增速较上年同期有所提升。由于投资增速的持续回落，导致水泥需求小幅萎缩。上半年投资增速仍处于相对高位，水泥产量一度小幅正增长。而随着投资增速的逐步放缓，再加上房地产投资实际增速远低于上年同期水平，均对水泥需求增长造成一定的压力。同时，供给端控制成效显著，水泥产量逐步回落至同比小幅负增长。在经过 2015 年全年的下跌和 2016 年的回暖后，预计 2018 年将延续下跌趋势，2018 年全年新增熟料产能预计将会进一步缩减 1000 万吨左右。

随着近年来水泥行业持续去产能，水泥产量逐步下降，库存也在减少，水泥价格在 2017 年开始出现持续上涨。分区域来看，水泥需求上仍然保持南方好于北方的格局，2017 年北方尤其是华北地区受环保限产影响，下游开工受限，导致水泥需求下滑严重，数据上体现为华东和华南地区水泥产量同比提升，华北和东北水泥产量下滑严重。2017 年湖北、湖南、云南、陕西、黑龙江、福建、贵州、内蒙古、宁夏等省、自治区发布近 30 家水泥企业产能置换方案涉及新建熟料生产线 26 条，产能合计 3422 万吨，共淘汰水泥产能 3533 万吨，去产能 111 万吨。

二、水泥行业发展特点

（一）水泥价格暴涨，价格曲线持续上升

2017 年全国水泥市场价格呈现震荡上行态势，涨幅超往期。一季度全国水泥均价最高为 326 元/吨，一季度后市场价格出现上涨，到四季度全国水泥均价已达 413 元/吨，远高于上年同期水平，其指数涨幅高达 87 元/吨，价格实现了赶超 10 年水平。从 8 月开始水泥的价格曲线就一直呈现持续上升的形态。2017 年水泥价格在年初市场尚未完全恢复，前两个月受淡季及过节等客观因素影响，局部价格持续下滑；3 月上旬起，市场开始回暖，加之环保停产，原材料上涨等影响，水泥价格一路上行，尤其是长三角地区，水泥价格已经迎来数次调涨。市场行情持续走高至 5 月下旬稍显疲态，华东市场价格出现小幅下跌，6 月南方市场进入雨季，水泥需求逐渐下滑，多地筹划停窑限产，在停产的支撑下，价格下滑未成大范围趋势，仅海南地区月内三次水泥价格下滑，跌幅达百元。7—8 月正值雨季，天气不佳，工程启动较少，水泥需求低迷，水泥价格持续下探至 8 月中旬；随着市场环保力度加大，市场停产增多，水泥市场逐渐进入上行通道，并至 9 月市场进入传统旺季，市场行情持续好转，水泥价格上涨行情全面开花，直至 12 月份涨价行情依旧不减，长三角地区熟料价格突破 500 元/吨大关，水泥价格奔向 600 元/吨，多地涨幅达 200 元/吨。

2017 年煤炭、铁矿石、造纸原料等原材料价格开始上涨，随后波及整个工业领域。其中煤炭价格高位运行，动力煤市场煤价高开高走，价格全年高位运行，2017 年煤炭价格季节性波动比较明显，夏季煤炭短时供给偏紧，煤价一度创出历史新高。11 月下旬，随着冬季供暖需求增加，煤价稳中上行趋势再度显现。截至 2017 年 12 月上旬，全国动力煤 BTCI 指数为 529 元/吨，环比 11 月下旬价格下跌 9 元/吨，跌幅为 2%；6 月中旬，动力煤 BTCI 指数呈现最低值，为 469 元/吨，环比 6 月上旬价格下跌 12 元/吨，下跌幅度为 2%；11 月上旬，动力煤 BTCI 指数达到最高值，为 560 元/吨，10 月下旬价格环比上涨 10 元/吨，上涨幅度高达 2%；最高值与最低值之间相差 91 元/吨。从 2017 年煤价走势来看，传统的用煤淡季和旺季，对煤价有影响，但与煤价涨跌有时并不同步。

近几年，国家环保政策逐渐加强，多地实施错峰生产。从 2017 年 3 月，国家环保部、发改委、财政部、能源局及北京、天津、河北、山西、山东、河南等六省（市）政府联合发布《京津冀及周边地区 2017 年大气污染防治工作方案》，要求京津冀及周边“2 + 26”城市水泥行业采暖季继续全面实行错峰生产。11 月，工信部和环保部发布《关于“2 + 26”城市部分工业行业 2017—2018 年秋冬季开展错峰生产的通知》，提出水泥行业（含特种水泥，不含粉磨站）采暖季节按照《工业和信息化部、环境保护部关于进一步做好水泥错峰生产的通知》（工信部联原［2016］351 号）有关规定实施错峰生产。承担居民供暖、协同处置城市垃圾或危险废物等保民生任务，可不全面实施错峰生产，但应根据承担任务量核定最大允许生产负荷。水泥粉磨站在重污染天气预警期间应实施停产。2017 年水泥市场各地区积极响应国家政策，相继展开停窑限产行动及行业自律。新增夏季错峰，冬季停产时间明显加长，北方市场几乎停产半年，产能发挥率不足 50%，整体市场产能发挥率只有 66.8%，长时间停产导致水泥供给减少，随着供给侧改革不断深入、国家环保政策趋严、错峰停窑时间的拉长和范围的扩大，水泥行业供给端得到了良好的调控，而环保政策趋紧也是导致下半年水泥涨价的主要推手。2017 年是“大气十条”第一阶段的收官之年，根据相关环保政策文件的要求，钢铁、建材、有色等多个行业在采暖季将错峰生产，其中水泥、陶瓷等建材行业采暖季全部实施停产。例如，进入 11 月份，北方多省市相继执行冬季错峰生产计划，部分省市停产时间和力度再次加码。辽宁、吉林、黑龙江等省和山西省长治市、太原市均提出了长达 5 个月至 6 个月的连续停产计划，山东全省停产时间也有 4 个月，2018 年停窑限产影响程度有望继续深化。

（二）水泥产量南升北降，两极分化严重

2017 年水泥产量排名前十的地区分别是江苏省、广东省、山东省、河南省、四川省、安徽省、广西壮族自治区、湖南省、贵州省和云南省。其中，江苏省水泥产量第一，全年水泥产量 17330. 2 万吨，同比下滑 3. 67%。在全国各省市水泥产量排行榜中，2017 年水泥产量累计增速最快的是新疆，2017 年水泥产量达 4495. 92 万吨，累计增长 13. 39%。分区域来看，在需求不振和供给端停窑限产力度增强的情况下，“三北”地区水泥产量全面下滑，特别是华北地区受环保限产影响，下游开工受限，导致水泥需求下滑严重，同比降幅达 21. 38%，东北地区水泥产量也下降了 10. 81%，西北地区相对稳定，仅小幅下滑了 0. 39 个百分点，但两极分化严重，宁夏和新疆水泥产量同比大幅增长，涨幅分别为 16% 和 7. 4%，而甘肃固定资产投资增速大幅下滑 40%，青海房地产投资增速下滑近 16 个百分点，导致两省水泥产量均同比下滑 13. 2 个百分比。同时，年初普遍被预期认为是主要增长区域的西南地区未能实现同比正增长，水泥产量下滑 1. 02 个百分点。六大区域仅华东和中南地区实现正增长，水泥产量同比提升，其中华东实现水泥需求同比增长 2. 6%。水泥需求仍然保持南方好于北方的格局。

2017 年中国分省水泥产量见表 3-1。

表 3-1　2017 年中国分省水泥产量

排名	地区	累计产量（万吨）	累计增长率
1	江苏省	17330. 2	-3. 67
2	广东省	15785. 93	4. 69
3	山东省	15299. 99	-4. 85
4	河南省	14938. 7	-4. 26
5	四川省	13809. 99	-5. 31
6	安徽省	13394. 24	0. 03
7	广西壮族自治区	12179. 38	1. 74
8	湖南省	11920. 4	-2. 11

续表

排名	地区	累计产量（万t）	累计增长率
9	贵州省	11356.51	5.65
10	云南省	11292.89	3
11	浙江省	11231.18	4.03
12	湖北省	11106.96	-4.14
13	河北省	8963.45	-9.1
14	江西省	8934.13	-6.09
15	福建省	8444.19	4.36
16	陕西省	7476.09	-1.06
17	重庆市	6370.93	-6.06
18	新疆维吾尔自治区	4495.92	13.39
19	甘肃省	4009.36	-13.46
20	辽宁省	3688.32	-6.18

数据来源：国家统计局

（三）价格飙升拉涨行业利润

由于需求的相对稳定，以及2017年以来水泥价格的大幅调涨，水泥行业利润得到明显提升。2017年1—10月全国水泥行业共实现利润669.5亿元，同比增长116.57%。而11月华东和中南多地水泥价格持续飙升，涨幅超金九银十的市场旺季，水泥价格超过历史同期最高水平。同时，水泥企业亏损面进一步缩窄，在已发布三季度财报的企业中，前三季度只有福建水泥没能盈利，而冀东水泥、亚洲水泥和青松建化均实现了同比扭亏。从部分主要水泥企业前三季度业绩情况可以看出，大部分水泥企业均实现了营收和净利润的不同程度增长。中国建材和海螺仍然以较大优势保持着行业领先的地位，海螺更是以98.09亿的归母公司净利润水平持续保持行业第一，而且远远高于第二名的水平，相比去年同比增长了64.34%。

（四）水泥行业去产能效果显著

近年来，随着水泥错峰生产、产能置换等政策的实施，水泥行业发展出现了积极变化。但是，据中国水泥协会预计，截至2017年6月底，全国水泥企业共3465家，其中熟料生产企业46家，含熟料的水泥生产企业1234家，水泥粉磨站2173家，水泥配置站12家。全国实际熟料产能20.2亿吨，水泥产能38.30亿吨。2016年前10大水泥企业熟料产业集中度57%，水泥产业集中度41%。全行业产能利用率不足70%，部分地区不足50%。

近来，中国水泥协会正式发布《水泥工业“十三五”发展规划》。“十三五”是我国水泥行业转型升级，实现转折性发展的重要时段，此时发布《水泥工业“十三五”发展规划》，将对实施水泥工业“创新提升，超越引领”战略，推进水泥工业供给侧结构性改革，促进结构调整、转型升级向纵深转折，带动水泥行业步入新的发展阶段具有重要意义。淘汰落后过剩产能，行业集中度加强。在大型水泥生产企业的引领下，企业之间的兼并重组进入实质性阶段，这也有利于地区落后产能的初步削减，水泥产品结构优化，主流企业有益于对市场资源配置提供指导，避免出现企业之间的恶性竞争导致行业陷入恶性循环。

为贯彻落实国务院、办公厅《关于促进建材工业稳增长调结构增效益的指导意见》（国办发〔2016〕34 号）文件精神，实现水泥行业“十三五”期间的稳增长、调结构、增效益的目标任务，为加快推进行业去产能工作的总体部署和推进，根据 2017 年 3 月中国水泥协会牵头组织的昆明 C12 + 3 峰会《共识意见书》决定，成立水泥行业去产能领导小组，并由去产能领导小组牵头组织起草《水泥行业去产能 2020 行动计划实施方案》，将上报政府主管部门，向行业和社会公布。去产能领导小组负责牵头组织、协调、推进全行业的去产能工作。水泥行业去产能工作的重点是去熟料产能，遏制新增产能、淘汰落后产能、停止生产 32. 5 强度等级水泥必须齐头并进。

（五）水泥散装率大幅提高

2017 年全国水泥产量呈现负增长，散装水泥供应量增长高于水泥产量增长量，全国水泥平均散装率大幅提高。2017 年全国散装水泥供应量 144776. 3 万吨，同比增加 5633. 87 万吨，同比增长 4. 05%。由于水泥产量下降，散装水泥供应量增长，全国水泥平均散装率呈上升态势，达 62. 68%，同比提高 4. 63 个百分点。全国 P · O 42. 5 级散装水泥平均价格突破 400 元/吨的高位，远高于前三年的最高水平。

3. 1. 3　乳胶粉行业发展现状

自 20 世纪 80 年代以来，以瓷砖粘结剂、填缝剂、自流平和防水砂浆为代表的干混砂浆进入中国市场，随后一些国际化品牌的可再分散乳胶粉生产企业进入中国市场，引领着干混砂浆在国内的发展。

可再分散乳胶粉作为瓷砖粘结剂、自流平砂浆、墙体保温体系配套砂浆等特种干混砂浆中一类不可缺少的原材料，对于特种干混砂浆的性能起着重要作用。从全球市场来看，可再分散乳胶粉用量一直呈现稳定增长趋势，同时，国内建筑节能减排政策推动、绿色建材推广及特种干混砂浆的广泛接受并大量应用，推动国内市场对可再分散乳胶粉的需求迅猛增长，从 2007 年起，国外的一些跨国公司和国内企业纷纷在全国各地设立可再分散乳胶粉生产线。目前，全国设计产能超过 2000 吨/年的可再分散乳胶粉生产线已超过 50 条，设计产能在 25 万吨左右。主要生产企业如德国瓦克、易来泰、三维、皖维、赛普化工、宝辰等。

经过近 20 年的发展，国内对可再分散乳胶粉的需求量已呈现与国际相对应的稳定增长趋势，我们综合了近 5 年来的数据，2013—2017 年可再分散乳胶粉产量呈现出相对稳定的增长态势，2017 年国内可再分散乳胶粉产量为 11.3 万吨，同比增长 6.6%。2010 年以前，由于国内房地产市场增长迅速，带动了保温市场容量的大幅增长，也带动可再分散乳胶粉强劲需求，很多企业投入可再分散乳胶粉领域，以博取短期利益，产能增长迅速，当前的产能多为 2010 年以前形成的。而近年来国内房地产市场不景气，新建商品房下降，在建工程及新项目审批在不同程度上放缓，直接造成了对各类建筑材料需求放缓，但近两年来，建筑翻新市场逐渐形成规模，从另一个方面推动特种干混砂浆行为发展，也带动了可再分散乳胶粉需求量增长。

图 3-1 为 2013—2017 年中国可再分散乳胶粉产量情况。

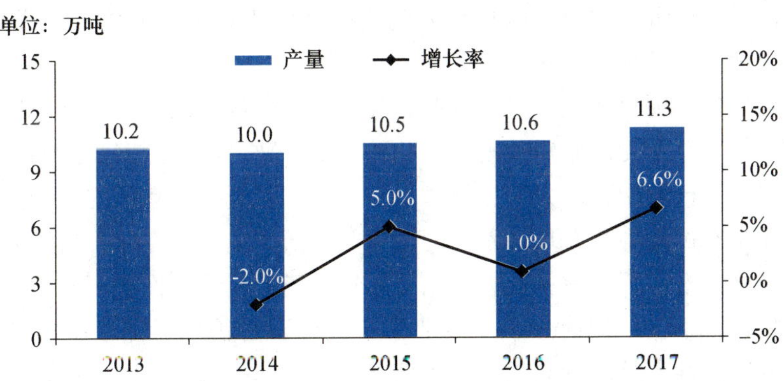

图 3-1　2013—2017 年中国可再分散乳胶粉产量情况

可再分散乳胶粉行业在 2012 年以后进入调整期，新的行业竞争格局逐渐形成，市场进入稳定发展阶段，可再分散乳胶粉的产能也保持稳定状态。由于产能与需求量之间的差距比较大，加之成本及利润回规理性，可再分散乳胶粉的价格一直呈下降趋势，2013—2017 年国内市场可再分散乳胶粉价格逐年走低。2017 年内资企业乳胶粉的平均价格在 14 元/千克，外资品牌乳胶粉的平均价格在 16 元/千克，内外资企业产品价格差距逐年缩小，其原因主要是内资企业生产技术的提升，产品自主创新能力加强，可再分散乳胶粉质量水平提升。

图 3-2 为 2013—2017 年内外资企业乳胶粉价格走势。

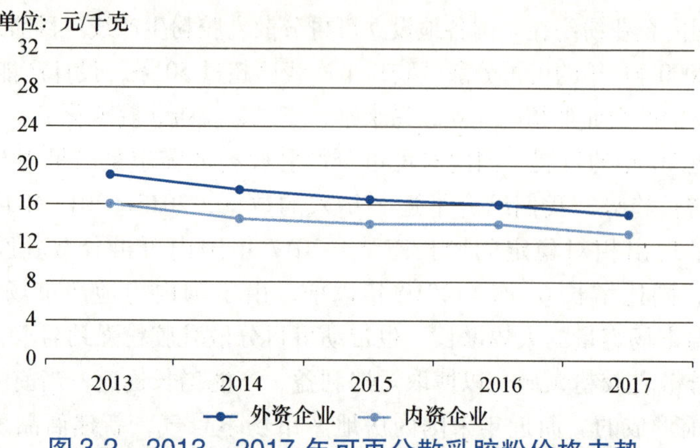

图 3-2　2013—2017 年可再分散乳胶粉价格走势

目前国内可再分散乳胶粉行业已初具规模，国内生产企业在生产技术装备、研发投入、产品质量、应用开发与发达国家仍有一定的差距，这也是影响和制约可再分散乳胶粉行业健康发展的主要因素。内资品牌可再分散乳胶粉还未成为市场主导者，主要原因也是内资企业自身技术实力欠缺，经营不规范，产品稳定性差、品种单一等。

与其他化工项目相比，可再分散乳胶粉项目建设周期短、产品应用比较广泛，因而行业存在无序竞争的现象。此外，由于缺少砂浆厂家坚持的行业标准和市场规范，行业中存在大部分技术水平较低、资金投入有限的小型企业，这些企业在生产过程中存在环境污染问题，并以低质量、低环保投入带来的低成本、低价格冲击可再分散乳胶粉市场，导致市场上充斥着许多不合格及非标产品，质量参差不齐。同时，一些企业为了迎合客户需求，谋求眼前利益最大化，采取以牺牲产品质量为代价的短期行为，特别是近两年国内可再分散乳胶粉市场上出现的很多复配型产品现象，同常规的产品在外观上根本无法分辨清楚，现场简单测试也能通过，产品价格相对较低，但其耐久性较差，加入外墙保温产品体系并应用上墙后，不出两三个月就会出现质量问题。

我们同时也看到，由于近年来产品质量问题导致的墙砖脱落、甲醛超标等安全事故频发，民众对于居住环境安全性的关注以及国家对相关法规的完善，对产品监管力度会加大，可再分散乳胶粉行业将逐步走向健康、可持续发展阶段。

3.1.4　纤维素醚行业发展现状

一、纤维素醚行业运行现状

随着建筑、食品、医药、日化等行业的快速发展，近几年全球对非离子型纤维素醚产品的市场需求呈现快速上升的态势。2000 年以后，我国纤维素醚行业飞速发展，产品不断完善和丰富，企业规模不断上台阶，一批千吨级企业成功进入万吨级企业行列，产品从低黏度到高黏度，从单一产品到复配产品都逐步进入应用市场，产品质量明显提升，中低端产品逐步向国际水平靠拢，由进口国逐步转变为出口国。目前，国内纤维素醚生产企业在 70 家左右，主要分布在山东、江苏、河南、河北和重庆等地，代表企业如天普、惠广、赫达、天盛、中维等。根据中国纤维素行业协会公布的数据，2017 年中国纤维素醚总产量为 37. 33 万吨，同比增长 17. 3%。其中以主要应用于建材、医药和食品领域的 HPMC 为代表的非离子型纤维素醚是纤维素醚行业的发展亮点和新动力，2017 年产量约为 18 万吨，占国内纤维素醚总产量的 48% 左右。

图 3-3 为 2013—2017 年中国纤维素醚总产量及增长速度情况。

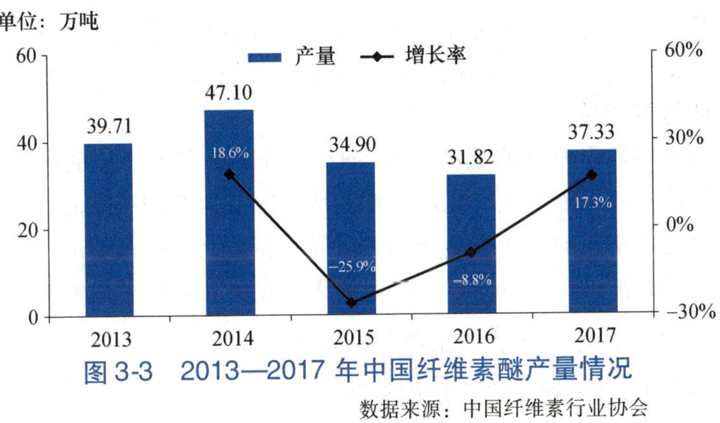

图 3-3　2013—2017 年中国纤维素醚产量情况

数据来源：中国纤维素行业协会

纤维素醚是影响砂浆施工性能的主要添加剂，添加量很低，但能显著改善砂浆产品的操作性能，对于普通干混砂浆与特种干混砂浆都是重要的组成部分。在干混砂浆中以 HPMC 为代表的非离子型纤维素醚，被广泛用于嵌封、表面涂敷、粘贴瓷砖而添加在水泥砂浆中。特别是在水泥砂浆中掺入少量 HPMC 可起到增黏、保水、缓凝和引气等效果，明显提高了瓷砖粘结剂、腻子等产品的粘结性能、抗冻耐热性、抗拉伸和剪切强度，从而改善建筑材料的施工性能，提高施工质量和机械化施工的效率。

近年来，随着国家对城市环境保护的日益重视，国家发改委、商务部、住建部等相关部门颁布实施了一系列有关干混砂浆使用的规定。目前全国已有超过 300 个城市出台了使用干混砂浆的相关政策，干混砂浆的快速推广，带动了 HPMC 市场需求的增长。在“十三五”规划中，推广使用新型建筑材料（包括新型墙体材料、保温绝热材料、建筑防水材料、建筑装饰装修材料等四大类基础材料）是国家产业倡导的发展方向，未来 HPMC 产品将有很大发展空间。

在建材级纤维素醚总量上，2017 年建材级纤维素醚用量 12.3 万吨左右，纤维素醚的几个主要的应用为瓷砖粘结剂、墙体保温体系配套砂浆、腻子、普通干混砂浆、石膏基产品、填缝剂、装饰砂浆、ALC 砌筑砂浆与抹灰砂浆、界面剂等。上述几个应用中，保温行业和预拌砂浆行业对新开工建筑依赖较强，其他几个应用已经深入现有建筑的改造和装饰翻新，可以说是在一个增长通道中。据此估算，2018 年市场总需求量还会有增长。

国外纤维素醚行业起步较早，以陶氏化学、易来泰、亚士兰集团为代表的生产企业在生产配方和工艺方面处于绝对领先的地位。受技术的限制，国内纤维素醚企业主要生产工艺路线相对简单、产品纯度相对较低的低附加值产品，高技术、高附加值产品也未在国内普及。建材级纤维素醚项目建设周期短、产品应用广泛，因而行业存在无序扩能的现象，市场的无序竞争导致产能极为过剩，从不完全统计的数据，国内当前纤维素醚的产能在 25 万吨左右，多数都是低端的建材级产品。

随着国家对环保要求的提高，2015 年起国家制定了严格的废水、废气排放要求，靠偷排、不处理生产废水、挥发性产物及盐类副产品的企业逐渐被监管起来，没能力整改的企业逐渐被淘汰出局，在河北、山东等地，一些小型纤维素醚企业已经被关停，纤维素醚行业的无序竞争状态将得以改善。

二、纤维素醚行业发展的主要影响因素

（一）影响纤维素醚行业发展的有利因素

1. 国家政策支持，推广力度加大

我国工业和信息化部颁布的《建材工业“十二五”发展规划》指出，建材级纤维素醚作为高性能添加剂，可以提高建筑材料的保水性、黏稠度，具有节能、环保效用，符合国家产业政策导向。《新型建材“十二五”发展规划》指出，安全、环保、节能的新型建筑材料（包括新型墙体材料、保温绝热材料、建筑防水材料、建筑装饰装修材料等四大类基础材料）是“十二五”期间新型建材领域的发展重点。添加纤维素醚可改善和优化包括石膏板、保温砂浆、干混砂浆、PVC 树脂、乳胶漆等在内的新型墙体材料、建筑装饰装修材料等建材产品的性能，符合节能、环保等要求。国家鼓励发展新型建筑材料，有利于增加国内市场对 HPMC 的需求量。

2. 国民经济提升，推动行业发展

近 30 年来，我国的国民经济保持了持续快速的发展趋势，相关产业整体水平和人民生活水平也有了很大提高，纤维素醚被誉为“工业味精”，被广泛

应用于国民经济的各个领域，经济的发展必然带动纤维素醚行业的增长。随着人们健康、环保意识的增强，HPMC 这类非离子型纤维素醚将逐步取代其他材料，并得到广泛应用和发展。

3. 市场需求加大，发展前景可期

根据住房和城乡建设部统计，建筑能耗占我国能源消费总量的 28% 以上。在现有的近 400 亿平方米建筑中，99% 均属于高耗能建筑，单位面积采暖耗能相当于纬度相近发达国家的 2 ~ 3 倍。2012 年住建部提出的《“十二五”建筑节能专项规划》提出，到 2015 年，实现新建绿色建筑 8 亿平方米的目标；到规划期末，城镇新建建筑 20% 以上达到绿色建筑标准要求，新型墙体材料产量占墙体材料总量的比例达到 65% 以上，建筑应用比例达到 75% 以上。HPMC 作为新型建筑材料添加剂，将取代传统纤维素醚被应用到新型建材产品，市场前景广阔。

（二）影响纤维素醚行业发展的不利因素

1. 生产企业数量多，无序竞争激烈

纤维素醚项目建设周期短，导致国内外企业纷纷进入该领域，从而使扩能现象频发。其中，小型生产企业数量较多，这些企业多数资金投入有限，技术水平低，生产装置简陋，环保措施不齐全，生产过程中环境污染严重。低成本带来的低价格产品充斥市场，导致产品价格质量参差不齐，市场处于无序竞争状态。近年来环保问题受到国家重视，对生产企业要求提高，一些没能力整改升级的小型企业将逐步退出市场，纤维素醚无序竞争将得以改善。

2. 国内行业起步较晚，技术水平低

纤维素醚行业在发达国家起步较早，国际知名生产企业是全球高端市场的主要供应商，并掌握着纤维素醚的先进应用技术。我国纤维素醚行业起步较晚，与发达国家相比，我国从事纤维素醚研究和生产领域的人员数量少，高水平的专业人才储备明显不足，在纤维素醚的研发和应用技术等方面有一定差距。受应用技术和人才储备不足的影响，国内纤维素醚生产企业以生产通用型产品为主，针对下游客户特定需求的个性化产品较少，难以完全满足客户的需求，削弱了产品附加值和市场竞争力。

3.2　瓷砖粘结剂下游需求市场现状

3.2.1　中国房地产市场发展情况

一、房地产开发投资完成情况

国家统计局公布的数据显示，2017 年全国房地产开发投资 109799 亿元，较上年同比增长 7.0%。12 月份增速较 1—11 月份回落 0.5 个百分点。其中，住宅投资 75148 亿元，同比增长 9.4%，增速回落 0.3 个百分点。住宅投资占房地产开发投资的比重为 68.4%。

2017 年东部地区房地产开发投资 58023 亿元，同比增长 7.2%，增速回落 0.2 个百分点；中部地区投资 23884 亿元，同比增长 11.6%，增速回落 0.8 个百分点；西部地区投资 23877 亿元，增长 3.5%，增速回落 0.8 个百分点；东北地区投资 4015 亿元，同比增长 1.0%，增速回落 0.4 个百分点。

2017 年中国房地产分月度开发投资额见表 3-2。

表 3-2　2017 年中国房地产分月度开发投资额（亿元）

指标	1—2 月	3 月	4 月	5 月	6 月	7 月	8 月	9 月	10 月	11 月	12 月
房地产开发投资额	9854.3	9437.6	8439.7	9863.1	13015.5	9150.9	9732.8	11150.6	9899.9	9842.2	9412

数据来源：国家统计局

2017 年中国房地产开发投资累计增速如图 3-4 所示。

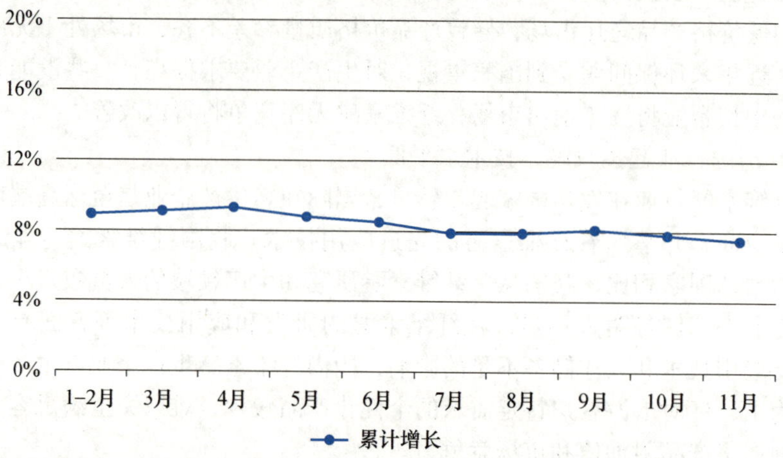

图 3-4　2017 年中国房地产开发投资累计增速（%）

数据来源：国家统计局

2017 年房地产开发企业房屋施工面积 781484 万平方米，同比增长 3.0%，增速比 1—11 月份回落 0.1 个百分点。其中，住宅施工面积 536444 万平方米，同比增长 2.9%。房屋新开工面积 178654 万平方米，同比增长 7.0%，增速提高 0.1 个百分点。其中，住宅新开工面积 128098 万平方米，同比增长 10.5%。

房屋竣工面积 101486 万平方米，同比下降 4.4%。其中，住宅竣工面积 71815 万平方米，同比下降 7.0%。

2017 年房地产开发企业土地购置面积 25508 万平方米，同比增长 15.8%，增速比 1—11 月份回落 0.5 个百分点；土地成交价款 13643 亿元，同比增长 49.4%，增速提高 2.4 个百分点。

2017 年房地产市场分月度土地购置面积见表 3-3。

表 3-3　2017 年房地产市场分月度土地购置面积（万平方米）

指标	1—2 月	3 月	4 月	5 月	6 月	7 月	8 月	9 月	10 月	11 月	12 月
房地产业土地购置面积	2373.7	1408.3	1745.5	2052.5	2760.5	2069.1	1819.6	2503.9	2314.7	3110.4	2373.7

数据来源：国家统计局

2017 年房地产业土地购置面积累计增速如图 3-5 所示。

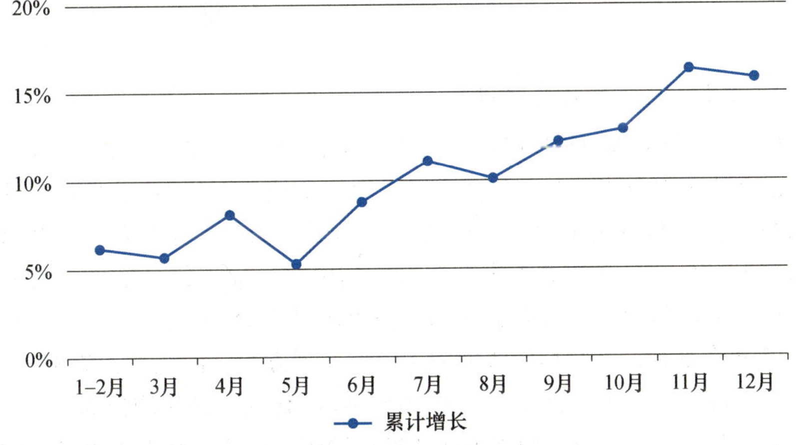

图 3-5　2017 年房地产业土地购置面积累计增速（%）

数据来源：国家统计局

2017 年房地产市场分月度土地购置费见表 3-4。

表 3-4　2017 年房地产市场分月度土地购置费（亿元）

指标	1—2 月	3 月	4 月	5 月	6 月	7 月	8 月	9 月	10 月	11 月	12 月
房地产土地购置费	1650.0	1693.8	1926.0	2575.2	1923.9	2322.9	2568.3	2304.3	2499.8	2241.8	1650.0

数据来源：国家统计局

2017 年房地产土地购置费累计增速如图 3-6 所示。

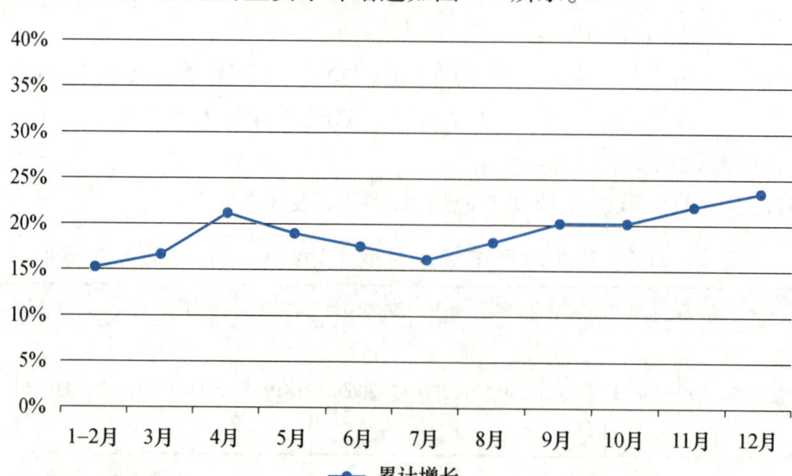

图 3-6　2017 年房地产土地购置费累计增速（%）

数据来源：国家统计局

二、商品房销售和待售情况

2017 年商品房销售面积 169408 万平方米，同比增长 7. 7%，增速比 1—11 月份回落 0. 2 个百分点。其中，住宅销售面积增长 5. 3%，办公楼销售面积增长 24. 3%，商业营业用房销售面积增长 18. 7%。商品房销售额 133701 亿元，同比增长 13. 7%，增速提高 1 个百分点。其中，住宅销售额增长 11. 3%，办公楼销售额增长 17. 5%，商业营业用房销售额增长 25. 3%。

2017 年东部地区商品房销售面积 71199 万平方米，同比增长 2. 9%，增速比 1—11 月份回落 0. 3 个百分点；销售额 74439 亿元，同比增长 6. 2%，12 月份增速提高 0. 9 个百分点。中部地区商品房销售面积 47460 万平方米，同比增长 12. 8%，增速提高 0. 3 个百分点；销售额 28665 亿元，同比增长 24. 1%，增速提高 1. 6 个百分点。西部地区商品房销售面积 42459 万平方米，增长 10. 7%，增速回落 0. 9 个百分点；销售额 25231 亿元，增长 25. 9%，增速提高 0. 3 个百分点。东北地区商品房销售面积 8289 万平方米，增长 7. 0%，增速回落 0. 4 个百分点；销售额 5367 亿元，增长 21. 8%，增速回落 0. 3 个百分点。

截止 2017 年年底商品房待售面积 58923 万平方米，比 11 月末减少 683 万平方米。其中，住宅待售面积减少 670 万平方米，办公楼待售面积增加 118 万平方米，商业营业用房待售面积减少 215 万平方米。

2017 年分月度商品房销售面积见表 3-5。

表 3-5　2017 年分月度商品房销售面积（万平方米）

指标	1—2 月	3 月	4 月	5 月	6 月	7 月	8 月	9 月	10 月	11 月	12 月
商品房销售面积	14054. 3	14980. 5	12620. 3	13165. 4	19841. 2	11689. 2	12188. 1	17467. 1	14247. 7	16314. 4	22839. 5

数据来源：国家统计局

2017 年中国商品房销售面积累计增速如图 3-7 所示。

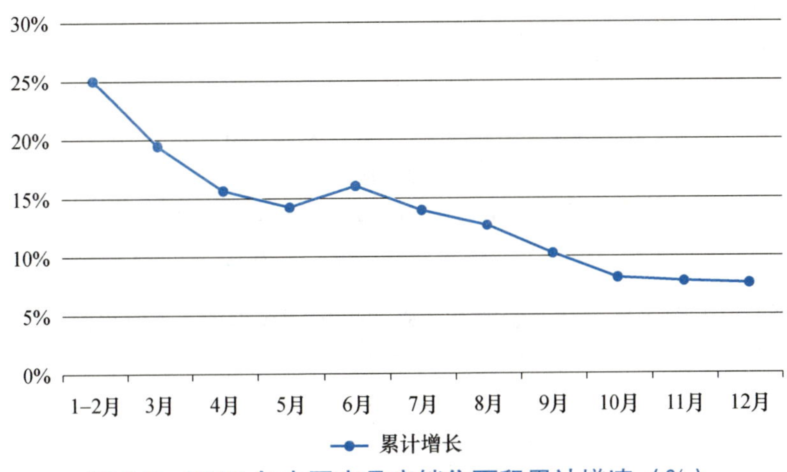

图 3-7　2017 年中国商品房销售面积累计增速（%）

数据来源：国家统计局

2017 年分月度中国商品房销售额见表 3-6。

表 3-6　2017 年分月度中国商品房销售额（亿元）

指标	1—2 月	3 月	4 月	5 月	6 月	7 月	8 月	9 月	10 月	11 月	12 月
商品房销售额	10805. 5	12376. 7	10040. 4	10409. 1	15520. 1	9309. 5	9634. 2	13807. 9	11086. 8	12490. 3	18220. 7

数据来源：国家统计局

2017 年中国商品房销售额累计增速如图 3-8 所示。

三、房地产开发企业本年到位资金情况

2017 年房地产开发企业本年到位资金 156053 亿元，同比增长 8. 2%，增速比 1—11 月份提高 0. 5 个百分点。其中，国内贷款 25242 亿元，增长 17. 3%；利用外资 168 亿元，增长 19. 8%；自筹资金 50872 亿元，增长 3. 5%；其他资金 79770 亿元，增长 8. 6%。在其他资金中，定金及预收款 48694 亿元，增长 16. 1%；个人按揭贷款 23906 亿元，下降 2. 0%。

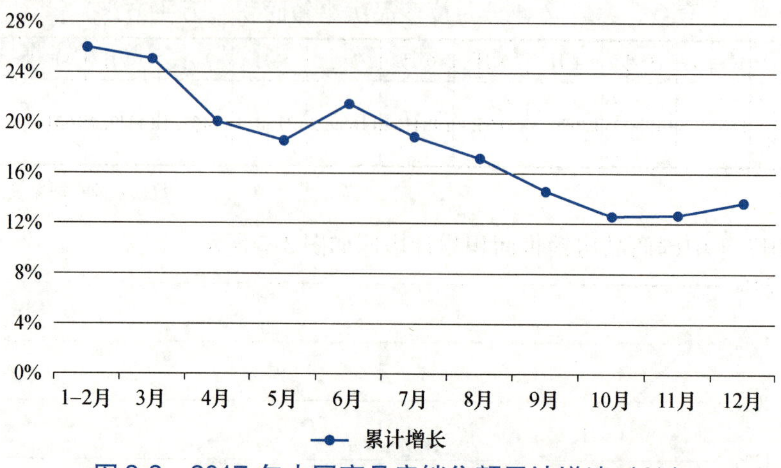

图 3-8 2017 年中国商品房销售额累计增速（%）

数据来源：国家统计局

2017 年中国房地产开发企业本年到位资金增速如图 3-9 所示。

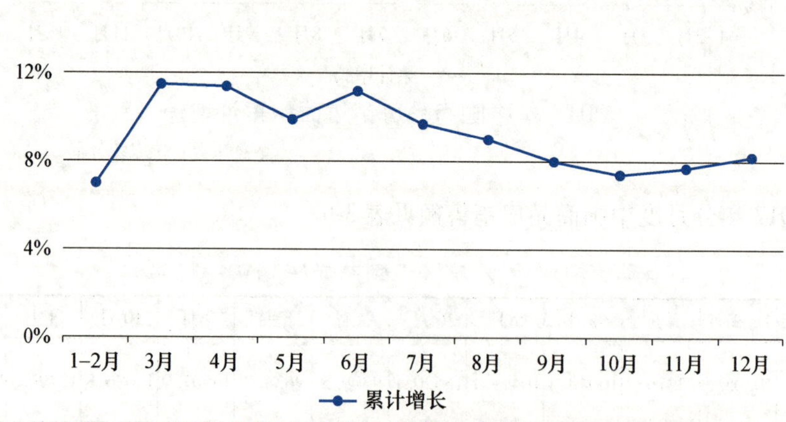

图 3-9 2017 年中国房地产开发企业本年到位资金增速（%）

数据来源：国家统计局

表 3-7 为 2017 年中国房地产分月度数据。

表 3-7 2017 年中国房地产分月度数据

指标	1—2 月	3 月	4 月	5 月	6 月	7 月
房地产投资（亿元）	9854. 34	19291. 92	27731. 58	37594. 68	50610. 22	59761. 08
房地产住宅投资（亿元）	6571. 07	12981. 02	18671. 32	25422. 94	34318. 26	40683. 03

续表

指标	1—2 月	3 月	4 月	5 月	6 月	7 月
房地产新开工施工面积（万平方米）	17238.39	31559.7	48239.92	65178.73	85719.61	100370.8
商品住宅施工面积（万平方米）	423184.76	433241.41	445657.17	458115.7	472721.95	483144.63
房地产竣工面积（万平方米）	16140.77	23030.73	28173.58	33911.06	41524.01	47020.6
商品住宅竣工面积（万平方米）	11674.18	16499.92	20108.91	24231.51	29760.38	33543.19
商品房销售面积（万平方米）	14054.34	29034.85	41655.15	54820.5	74661.7	86350.89
商品住宅销售面积（万平方米）	12438.57	25484.3	36524.51	47956.77	64790.71	74876.2
商品房销售额（亿元）	10805.54	23182.25	33222.61	43631.73	59151.83	68461.36
商品住宅销售额（亿元）	9120.87	19398.99	27950.84	36655.76	49298.05	57087.49

指标	8 月	9 月	10 月	11 月	12 月
房地产投资（亿元）	69493.88	80644.45	90544.36	100386.55	109798.53
房地产住宅投资（亿元）	47440.04	55109.28	61871.23	68670.48	75147.88
房地产新开工施工面积（万平方米）	114996.2	131032.7	145127.07	161678.65	178653.77
商品住宅施工面积（万平方米）	493274.72	505329.7	515386.53	527019.29	536443.96
房地产竣工面积（万平方米）	52296.3	57693.83	65612.28	76245.01	101486.41
商品住宅竣工面积（万平方米）	37413.45	41260.09	46558.69	54058.8	71815.12
商品房销售面积（万平方米）	98539.02	116006.2	130253.9	146568.32	169407.82
商品住宅销售面积（万平方米）	85447.61	100131.1	112244.16	126037.2	144788.77

续表

指标	8 月	9 月	10 月	11 月	12 月
商品房销售额（亿元）	78095. 59	91903. 53	102990. 34	115480. 6	133701. 31
商品住宅销售额（亿元）	65155. 73	76442. 27	85532. 32	95762. 08	110239. 51

数据来源：国家统计局

3. 2. 2 中国建筑装饰行业发展情况

一、中国建筑装饰行业运行现状

2017 年是我国国民经济与社会发展“十三五”规划期的第二年，是承上启下的重要一年，也是我国经济发展进行供给侧结构性改革的第二年。供给侧结构性改革设定的去产能、去库存、去杠杆、降成本、补短板目标进入深入发展的新阶段。创新型国家建设取得重大成果，量子通信、新材料、战略新兴产业建设等取得新的成就，为经济发展奠定了坚实基础。

2017 年，建筑装饰行业实现了平稳的发展目标。建筑装饰业为我国建筑行业二级分类中的一个分支，根据建筑物使用性质不同又可以进一步细分为建筑幕墙（外装）、公共建筑装修（内装）、住宅装修。受供给侧结构性改革和城市功能修补、生态修复，以及城市中二手房交易活跃的影响和拉动，改造性装饰装修工程量稳步增长。在宏观经济稳中向好的大背景下，各项事业蓬勃发展，新建筑装饰装修工程量有所增加；我国建筑装饰装修工程企业参与国际产能合作的能力不断增强，受“一带一路”沿线国家的工程业绩大幅度提升等诸多因素影响，建筑装饰行业全年实现 7. 6% 的增长，略高于宏观经济发展速度，也略高于 2016 年行业发展的速度。随着我国经济的快速增长、城镇化步伐加快，我国房地产、建筑业持续增长，建筑装饰行业显现出巨大的发展潜力。

2017 年全国建筑装饰行业预计完成工程总产值 3. 94 万亿元，占整个国民经济的 4. 9% 左右。行业总产值较 2016 年同比明显增加，比宏观经济增长速度提高了 0. 7 个百分点，体现了建筑装饰行业在国民经济发展中的基础性和超前性。

图 3-10 为中国建筑装饰行业完成工程产值及增长情况。

2017 年公共建筑装饰装修预计全年完成工程总产值 1. 95 万亿元，较 2016 年同比增加 6% 。受反腐冲击和非住宅类房屋竣工速度提升的影响，公共装修总产值增速有所下滑。

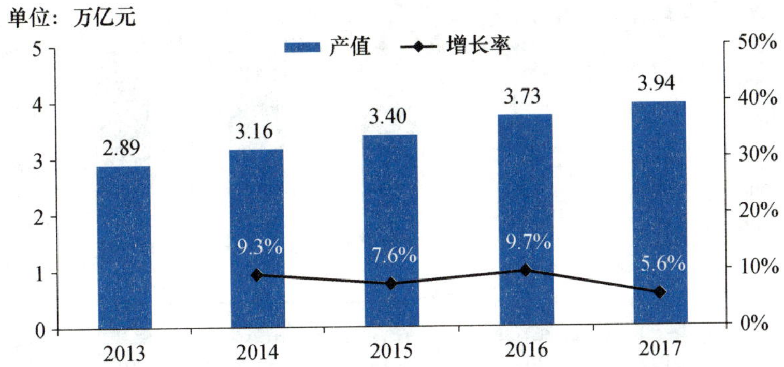

图3-10　2013—2017年中国建筑装饰行业完成工程产值及增长情况

数据来源：国家统计局

图3-11为中国公共建筑装饰装修行业产值及增长情况。

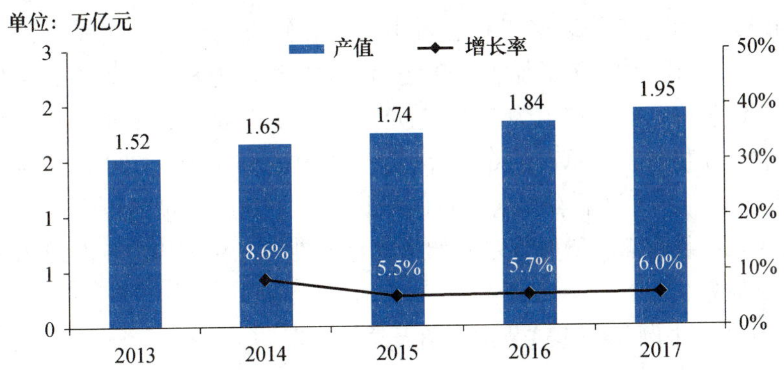

图3-11　2013—2017年中国公共建筑装饰装修行业产值及增长情况

数据来源：国家统计局

伴随经济的持续快速发展与城市化进程的加快，在公共建筑装饰装修中，高层、超高层建设项目快速增加，我国建筑幕墙装饰工程行业高速发展。2017年建筑幕墙全年完成工程总产值为3600亿元，比2016年增加了100亿元，增长幅度为2.8%左右，改造性装饰装修工程总产值9500亿元，比2016年增加了1000亿元，增长幅度为11.76%左右；境外工程产值950亿元，比2016年增加了400亿元，增长幅度为72.73%左右，工程所在国家的数量也相应有所增加。

图3-12为中国建筑幕墙装饰工程产值及增长情况。

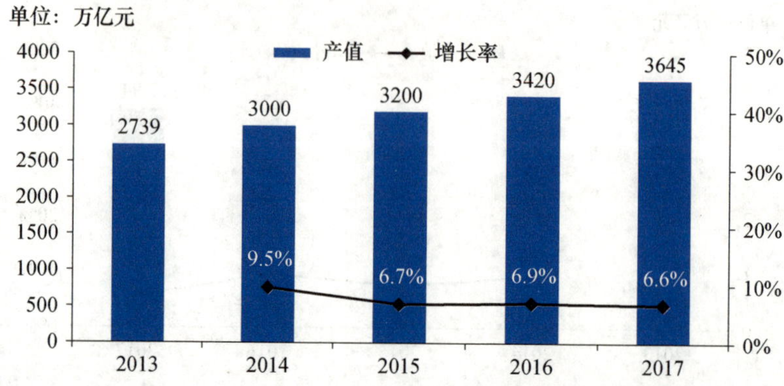

图 3-12　2013—2017 年中国建筑幕墙装饰工程产值及增长情况

数据来源：国家统计局

2017 年我国住宅装饰装修全年完成工程总量值为 2.16 万亿元，比 2016 年增长 14.3%。住宅装饰装修工程总量中，精装修成品房全年完成工程总产值为 7600 亿元，比 2016 年增加了 600 亿元，增长幅度为 8.57% 左右；新建毛坯房住宅装饰装修工程总产值为 5500 亿元，与 2016 年持平，增长幅度为零；改造性住宅装饰装修工程总产值 6000 亿元，比 2016 年增加了 700 亿元，增长幅度为 13.21% 左右。随着存量房数量的增长、二手房交易量的提升和消费升级的推动，二次装修需求增速逐步开始进入释放期，二次装修将逐渐成为住房消费的重要部分。

图 3-13 为中国住宅建筑装饰产值及增长情况。

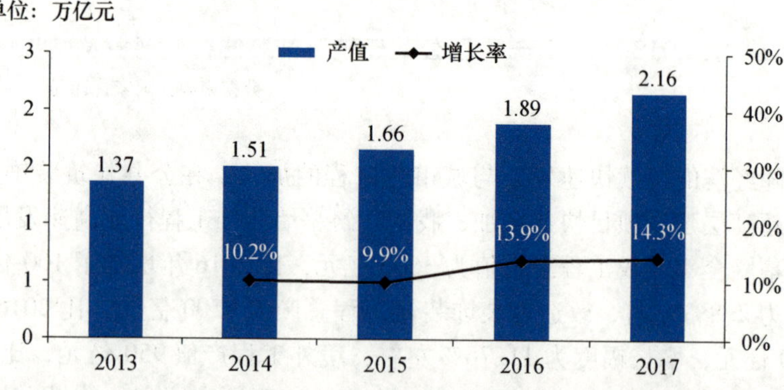

图 3-13　2013—2017 年中国住宅建筑装饰产值及增长情况

数据来源：国家统计局

二、中国建筑装饰行业人员从业情况

2017 年全行业从业人员规模约为 1650 万人，比 2016 年增加了 20 万人，增加幅度约为 1.23%。其中新接收大专以上学历毕业生约为 30 万人，比 2016 年增加了 10 万人，增加幅度为 50% 左右。截至 2017 年年底，行业内接受过高等教育的人数达到 310 万人，比 2016 年提高了 10.71%；受过高等教育的人数占从业者总数的 18.79% 左右，比 2016 年提高 1.61 个百分点。全行业新接收各类中专、职高、技校等接受过专业职业技术教育的人数约为 35 万人，比 2016 年增加了 5 万人，增加幅度为 16.67% 左右，全行业年轻技术工人总数约为 225 万人，占全体从业者队伍的 13.64%，比 2016 年提高了 2 个百分点。

2017 年年末进行注册建造师等执业资格的考核与注册，全行业有执业资格的注册人员数量与结构与 2016 年基本相同。2017 年制定了新的《注册建造师管理办法》，进一步明确了在新的历史发展阶段，对注册建造师的管理目标、程序和具体措施，使这一执业资格考核与注册得以延续。

从管理层从业者队伍状况分析，2017 年民营建筑装饰装修工程企业的领导层新老交替的速度加快，一批高学历、新知识结构的青年从业者，开始走入企业管理核心层。受市场发展对人才需求变化的影响，大量的法律、外贸、外语、金融等非建筑装饰装修传统专业的毕业生和社会专业人才大量进入该行业，使行业管理人才队伍专业构成更为丰富、储备更为多样化，行业人才队伍结构得到进一步优化，为行业的供给侧结构性改革、企业的转型升级、提质增效奠定了坚实的人才资源基础。

从技术类从业者队伍状况方面分析，技术研发与工程设计人员都有所增长。2017 年全行业新增建筑装饰装修工程设计人员约 10 万人，增长数量与 2016 年基本相同，全行业设计人员总数约为 177 万人，占从业者总数的 10.73% 左右，比 2016 年提高了 0.48 个百分点。其中约 105 万设计师在住宅装饰装修领域就业，占设计师总数的 59.32% 左右。全行业技术研发人员总数约为 85 万人，比 2016 年增加了约 3 万人，增长幅度为 3.53% 左右。其中金融，计算机、电子、自动化等专业人才数量增长较快。

从生产、施工一线从业者队伍状况分析，年轻化、知识化、工匠化的趋势日益明显。2017 年继续有一批年龄老化、文化水平低、接受新事物慢的一线操作人员退出行业，补充的是经过专业技术教育的青年技术工人，正在转变一线操作人员的年龄结构、知识结构和技能结构，以适应行业的技术升级。2017 年开始大力弘扬工匠精神，崇尚劳动光荣，加之建筑装饰装修工程成品化水平不断提高，劳动作业方式有所转变，也形成了行业内一支安于岗位、具有匠心的一线操作人员的稳定队伍。

三、中国建筑装饰行业企业状况

截至 2017 年年底，全行业企业数量约为 13 万家，比 2016 年减少了约 0.2 万家，下降幅度在 1.52% 左右，持续保持稳中有降的趋势。企业经营实力进一步提高，全行业企业平均年工程产值达为 3031 万元，比 2016 年提高了 261 万元，增长幅度为 9.42%。全行业产值最高的企业年工程产值超过了 500 亿元，达到了新的水平；年产值超过 5 亿元的企业达到 205 家；超过 30 亿元的企业达到 46 家；超过百亿元的企业达到 5 家，均比 2016 年有所增加。

由于国家对建筑业企业资质管理制度进行了改革，2017 年新增有资质的企业为 9000 家左右，比 2016 年增加了约 3000 家，增长幅度为 50%。全行业有资质企业数量达到 10 万家左右，占行业内企业的比例达到 76.92% 左右，比 2016 年提高了 8 个百分点。有资质的企业主要分为两大类：一类是专业工程企业，即建筑装饰装修和建筑幕墙工程企业，为 6 万家左右，占有资质企业总数的 60%；一类是其他专业工程企业兼营建筑装饰装修工程，为 4 万家左右。由于撤销了专业工程企业不能申报建筑工程总承包资质的规定，2017 年建筑装饰企业增加建筑工程总承包资质的企业数量有较大幅度增长。截至 2017 年年底，建筑装饰装修和建筑幕墙工程企业取得建筑工程总承包资质的企业约 2 万家，占专业工程企业总数的 1/3。

就企业运转状态分析，营改增税制改革后，大部分建筑装饰装修工程企业税负不降反升，企业的负担有所增加。由于高档豪华装修日益减少，供应材料范围扩大，再加上市场竞争同质化，企业创利能力下降。登陆资本市场是业内大企业的重要发展目标，截至 2017 年年底，全行业登陆资本市场的企业达到 142 家。其中在国内外证券交易所上市的企业 37 家，比 2016 年增加了 3 家；在中小企业股权交易中心上市的 105 家，比 2016 年增加了 4 家。

2017 年在互联网、物联网、3D 打印、人工智能等新技术应用更为普及、行业技术装备升级和生产作业方式转变的基础上，全行业人均劳动生产率为 23.88 万元/人，比 2016 年提高了 1.43 万元/人。企业为社会提供服务的能力与水平有新的提高。

四、中国建筑装饰行业主要特征

（一）宏观经济政策和产业政策进行了较大调整

自党的十八届三中全会，中央发布我国深化改革顶层设计之后，我国改革开放的步伐加快，经济政策进行了较大调整，对建筑装饰行业发展产生了深刻的影响。2017 年，虽然行业发展的基本面没有重大变化，但政策调整仍然对行业发展产生了重大而深刻的影响。

1. 供给侧结构性改革措施的深化

2017 年是供给侧结构性改革的第二年，也是继续加大改革力度的一年。在对建筑业企业资质管理制度、工程保证金制度、营业税改增值税税制改革等改革措施持续作用的基础上，2017 年，我国在房地产开发、建筑工程管理等方面出台了一系列深化改革的措施。积极落实中央城市建设工作会议精神和一系列新改革措施的过程，对以房地产业为龙头的整个产业集群的发展，产生了重大影响。中央的深化改革举措，形成了更为完整的优化结构、转换动能、提升社会供给质量的政策配套措施体系。

在建设现代化经济体系中，让市场在资源配置中发挥决定性作用的总目标下，供给侧结构性改革继续向重质量、重协调、重效益、重可持续的方向发展。建筑装饰行业在这一大背景下，面临着淘汰落后产能、优化行业结构、加大创新型行业建设力度、将社会供给提升到中高端等要求不断提高的严重局面。为全面顺应供给侧结构性改革要求，国家继续实施推动科技进步的政策，以创新转换行业发展动力。发挥好建设装饰行业在全面建成小康社会决胜阶段的支柱性作用，成为 2017 年行业发展面临的基本形势，全行业的工作重点就是要全面顺应这一形势。

2. 房地产调控政策的调整

2017 年是房地产调控政策调整力度最大的一年。从国家政策调整的方向上分析，已经从严格控制购买向全面调整供给转化；从调整的手段上分析，已经从房产价格调控向土地政策调整转变。这些政策的调整，使房地产市场整体调控取得了重大的突破。为了实现中央“房子是用来住的”调控目标，2017 年先后出台了租购同权、建设共有产权住宅、农村土地自建租赁房、调整住宅建设供地空间布局、向大用户直接供地等多项重大政策调整措施，有效抑制了投机性购房和房价过快上涨的趋势。

在国家一系列房地产政策调整措施作用下，房地产市场整治力度加大，市场趋向理性并逐步回归本质。市场投资的多元化，特别是政府在住宅建设中投资的增长和房地产去库存任务的落实，使住宅开发建设的模式也发生了重大转变。为建筑装饰行业发展提供了较好的市场环境。2017 年住宅精装修成品房工程总量、存量住宅改造性装饰装修工程总量都有较大幅度增长，表明在房地产市场中投机性炒作下降，刚性需求稳步增长。

（二）市场结构发生了深刻变化

2016 年年底召开的城市建设工作会议，确定了以城市功能修补和城市生态修复为重点的城市建设方针，为包括建筑装饰行业在内的建设队伍发展、市场结构调整和工程建设重点调整规划了方向。2017年在中央城市建设工作会议指导下，建筑装饰行业的市场结构发生了新的变化。

1. 公共建筑装饰装修市场结构的变化

2017年受国家城市建设方针调整的影响，城市中大拆大建的项目普遍减少，大规模的“造城”工程在大城市中已经很少。在城市面貌修复、清除低端产能供给、完善城市功能、推动节能减排的城市建设方针指引下，公共建筑的改造性装饰装修工程大幅度增加。在中央持续贯彻八项规定，反对奢靡之风的作用下，政府投资的装饰装修工程项目向惠及民生的项目转化，医疗、卫生、教育、养老、文化等建筑装饰装修工程项目大量增长。在提升公共服务供给水平、提高城市基础设施建设水平的过程中，公共交通如城铁、地铁、民航机场、公共交通枢纽等公共建筑装饰装修工程项目持续增长。

2017年公共建筑装饰装修工程市场结构的变化，可以概括为大项目减少，中小项目增加；新建项目有所减少，但改造性装饰装修工程项目大幅度增加；高档豪华装饰装修工程项目减少，注重功能的常规性装饰装修工程项目增加；办公类装饰装修工程项目减少、惠民生的服务类专业装饰装修工程项目增加等基本特点。在我国由大变强的历史过程中，结构性调整将持续发展，这一市场的结构性变化趋势将会长期保持，并形成新常态。

2. 住宅装饰装修市场结构的变化

2017年是国家对房地产市场调控政策最密集、最全面、最严厉的一年，住宅装饰装修市场结构发生了重大调整。由于房地产市场投资增幅放缓、开发建设主体更加多元化、调控政策更加多样化、精准化，房地产市场更趋于理性。住宅装饰装修市场中新建住宅中的毛坯房住宅装饰装修工程量减少，成品房精装修工程量增长较快：新建成品房精装修工程中，豪华型高档装饰装修工程项目减少，功能配套、环保安全的工程项目增加；城市中心区新建项目减少，郊区新建项目增加。

2017年既有住宅的改造性装饰装修工程继续保持快速增长。由于社会有支付能力的购买力持续提高，二手房市场交易持续保持活跃，人们的审美情趣和装饰装修文化水平持续提升，住宅改造性装饰装修完成工程产值达到6000亿元，增长幅度达到13.2%。既有住宅改造性装饰装修工程的单份合同额同比有所上升，智能化设备设施、节能减排技术等应用更为普及，装饰装修风格上有向中国传统文化转变的趋势，改造性装饰装修工程施工技术进一步向材料、部件成品化，现场装配化方向转化。

3. 建材、饰材市场结构的变化

2017年受城市功能修补、环境治理、污染防治、风貌修复、服务升级等多种因素的作用，我国大城市周边地区为建筑装饰装修工程配套服务的饰件、饰品生产加工企业、中小型专业材料、部品市场等全部撤除，形成一轮城市改造的高潮。这一轮城市改造，大量中小建材企业被迫退出市场，在淘汰大量低端产能的同时，也调整了建材、饰材的企业结构和市场结构。特别是国家营改增税制改革之后，市场对建材企业规范化经营的要求不断提高，进一步形成市场结构调整的动力，加快了建材、饰材市场的运作规范化和结构调整。

建材、饰材市场结构调整，使大量运作不规范、经营实力差的小企业退出市场，进一步规范了全产业链企业间的运作。市场结构的变化规范了市场行为，但也在某些方面增加了建筑装饰装修工程实施的难度，提升了工程实施过程中的成本。为了有效应对材料市场的变化，确保建筑装饰装修工程材料供应的质量和供应量，建筑装饰装修工程企业进一步加强了供应商网络建设，加深了合作的力度，推动了产业链内部更深度的战略合作。

（三）建设工程总承包制持续推进

在国务院《关于促进建筑业持续发展的意见》发布之后，建筑业企业加快了转型升级的步伐。建筑装饰行业内的企业，根据国家政策导向和自身掌控的各类资源状况，积极主动地进行以设计、选材、采购、施工为一体的工程项目总承包为目标的转型升级，不断提高自身的社会服务能力和质量，成为行业今后发展的长远趋势。

1. 资质管理制度改革为总承包制消除了制度障碍

随着国家行政管理体制的改革不断深化，建筑业企业资质管理制度改革不断破除建筑工程市场中的行政壁垒，资质向简洁化、便利化方向发展，行政许可在建筑工程市场资源分配中的作用正在不断弱化。由于消除了建筑工程总承包资质与专业工程承包资质之间的强制性封锁，建筑装饰装修工程企业获取建筑工程总承包资质越来越普遍，企业的资质范围不断扩大，种类更加完备。行政干预市场作用的弱化和企业资质范围的扩展，激发了企业市场运作的空间和发展活力，提升了企业的发展品质。

2. 工程总承包是企业可持续发展的重要表现形式

经过改革开放后 40 年的发展，建筑装饰工程企业的经营实力有了显著提高，拥有的人力、技术、管理等资源的种类和品质，已经能够完成建设工程项目的总承包合同规定的义务和责任。在工程总承包市场运作中，建筑装饰装修工程企业在策划、设计、采购、施工一体化的运作架构中，实现由专业工程承包商向工程建设项目总承包商的转化，拓展了企业的生存与发展空间，增强了企业在项目中的创利能力，全面提高了企业的社会服务能力。

经营实力雄厚的建筑装饰工程企业，在工程项目总承包的基础上，进一步向建设工程总服务商转化，在项目中向工程运作前期的项目策划、投融资操作等延伸，提高了企业的可持续发展能力。在工程项目总服务商运作框架中，企业项目研究、工程技术、文化创意、设计创作、金融服务、资源整合等能力持续提高，全面提高了企业对工程项目的掌握与控制能力，推动了企业的转型升级和工程项目的提质增效。

3. 工程总承包企业结构优化

工程项目总承包制的持续推进，为有实力、有专业特色、有社会责任担当的建筑装饰工程企业提供了管理、科技持续创新、工程建设质量稳步提升、社会品牌知名度不断提高的发展空间，形成了企业持续发展的新格局。工程建设总承包，特别是工程项目总服务商的市场运作模式，将进一步推动行业落后产能淘汰、提升社会供给品质，通过市场机制，优化行业内部的企业结构。2017年行业内企业数量持续下降，但大型企业数量、企业平均年工程产值、行业平均劳动生产率等指标都有较大幅度增长。

（四）农村建筑装饰装修工程市场异军突起

党的十八大以来，农村发展始终是一个重要的课题。从美丽乡村建设到国家乡村振兴战略，明确地表明，国家已经把农业经济发展和农村建设作为一个相对独立的发展单元，全面规划了发展的路线图和行动纲领。建筑装饰行业在这一发展领域，将形成新的市场和发展空间。

1. 国家乡村振兴战略为建筑装饰行业提供新的发展空间

党的十九大提出的乡村振兴战略，是中国特色社会主义现代化强国建设中的一个重要发展战略，对建筑装饰行业的可持续发展具有重要的理论和实践意义。在国家乡村振兴发展战略中，产业兴旺、生态宜居、乡风文明、治理有效、生活富裕的发展目标，都与建筑装饰行业的发展息息相关。在国家乡村振兴发展战略的实施过程中，产生出大量的与建筑装饰行业相关的新建、扩建、改建、复建的工程项目，它们为建筑装饰工程设计、材料生产制造和施工技术发展等都提供了新的专业市场。这些项目的单体规模虽然不大，但数量多、工程集中、涉及的技术多样化，有极大的挑战性，已经成为行业可持续发展的一部分。

2. 农村建筑装饰装修总量快速增长

2017 年在国家乡村振兴发展战略的指导下，农村建筑装饰工程市场规模快速扩展，特别是在东部经济发达地区和大城市周边地区，农村建筑装饰装修工程市场规模和深度都有了快速发展。2017 年，浙江一家建筑装饰工程企业承接了一个乡镇综合治理改造的工程项目，合同额达到 13 个亿以上，工程涵盖建筑装修、建筑幕墙、室内装饰、展览陈设、市政改造、园林绿化、城市照明等；大量的村、镇规划设计、特色村落建设、乡村风貌修复、环境综合治理等工程项目，已经在众多建筑装饰装修工程企业中实施；宅基地改造、民宿设施建设等农村个人投资项目也在不断攀升。农村建筑装饰装修工程市场具有综合性强、专业技术要求高、文化特色浓郁、基层政府主导的特点，比较适应建筑装饰行业内企业承接，已经形成较大的市场规模并形成了专业特色。

（五）国际工程市场开拓取得丰硕成果

由于我国综合国力的加快增长和在国际治理体系中地位的不断提升，建筑装饰工程企业“走出去”参与国际产能合作的力度不断加强。特别是在“共建人类命运共同体”理论和“一带一路”发展倡议的指导下，建筑装饰工程企业 2017 年在国际工程市场开拓中取得新的成果。

1. 建筑装饰装修工程企业走出去的状况

我国建筑装饰工程企业都是以专业工程承包商的身份进入国际工程市场，专业承包建设项目的装饰装修工程，由于专业工程承包商处于工程建设项目的末端，风险性大、运作难度高、工程项目连续性差。建筑装饰装修工程企业为了稳妥开拓国际工程市场，一般都转型为工程项目的总承包商，承接中小型建设工程项目。经过近几年的发展，中国企业强大的履约能力和优良的工程质量，已经得到市场的普遍认可，形成了一定的品牌信任度。在此基础上，部分前期进入国际工程市场的中大型企业，已经由工程总承包商向中、小建设工程项目的总服务商转化，为业主提供包括项目策划、融资、设计、施工、管理的配套服务，进一步巩固了企业在国际工程市场中的地位。

2. 取得的主要突破

2017 年，我国将建筑装饰行业开拓国际工程市场取得突破主要表现在以下几个方面。第一是工程规模大幅度增长。2017 年，我国建筑装饰工程企业在境外完成工程总产值 950 亿元，增长幅度达到 72.73%。第二是龙头企业规模快速扩张。2017 年我国“走出去”规模最大的建筑装饰工程企业实现工程合同额已超 70 亿美元，增长幅度达到 350%。第三是“走出去”企业数量大幅增长，据不完全统计，2017 年在境外承接工程的建筑装饰装修工程企业数量超过 2000 家。第四是工程所在国的数量有了新的增长，特别是中东欧、非洲地区增加较多。

（六）科技创新和工程质量提升任重道远

由于我国普遍实行最低价中标的原则，价格竞争成为工程资源配置的主要手段。在工程实施过程中，甲方供应指定的材料、部品的范围越来越大，普遍存在着赶工期现象等，造成工程质量问题依然较大。由于建筑装饰工程企业在市场中的弱势群体地位没有根本性变化，给行业的科技创新和工程质量的提升造成重大障碍。

1. 科技创新发展状况

由于缺乏市场机制的引导，长期以来，建筑装饰工程企业更多地投入是在商业模式、企业管理、工程运作管理等方向的创新，而对具体的实用技术的创新普遍重视不够。作为传统的劳动密集型行业，在行业内应用最新的科技成果（如，互联网、物联网、智能技术与 3D 打印、数字化技术等）非常重要。但这些创新主要侧重于管理手段的现代化，对提高工程质量起不到决定性作用。建筑装饰装修工程是劳动密集型施工过程，最终要通过施工一线的操作人员具体完成，现场的技术措施直接决定了工程质量，这是供给侧结构性改革的核心。以提高工程质量为导向进行的主艺、工法等技术措施的创新，形成先进的现场施工技术体系，应该是建筑装饰工程企业创新发展的重点。

以消除工程中的质量瑕疵、质量缺陷和质量通病为目标的实用技术的创新，能够切实提升企业的社会服务能力，推动企业工程质量的不断提高，是建筑装饰工程企业不忘初心的具体表现，也是企业提质增效的主要技术基础保障。要实现中国制造 2025 发展目标，就要把建筑装饰装修工程施工中子项工程的具体技术进行工艺、工法的创新，优化企业的施工技术。以工艺创新提高工程质量，带动施工机具的升级、材料与配件的完善和生产效率的提高，全面提升建筑装饰装修工程企业的专业服务能力，使企业形成专业技术优势，是企业技术管理与发展的重点，也是提高企业市场中话语权、定价权、选择权的技术支撑，是企业做大、做强、做专、做长的主要途径。

2. 工程质量提升具有极大空间

由于行业实用技术措施创新力度不足，施工现场操作技术依然陈旧，使建筑装饰装修工程质量水平提高的速度缓慢。除少数企业外，绝大多数企业近年来工程质量不仅没有提升，反而在外部低价中标、甲方供应材料等不利因素的作用下，还有所下降。专业技术能力的下降，将失去建筑装饰行业市场存在的社会价值，在推动总承包制的大背景下，将严重影响建筑装饰装修工程企业的生存与发展，是当前行业发展不充分、不协调的主要表现。如果不能尽快改变这种不利局面，后果极为严重。

提高建筑装饰工程企业对技术创新，特别是工艺创新重要性、紧迫性、艰难性的认知水平，组织企业掌控的优质资源，加强对建筑装饰装修工程施工技术细节的研究，通过对质量形成的各个环节进行分析、实验，检测，以工艺创新完善细部施工的技术措施，清除装饰装修工程施工中的质量缺陷，全面提高装饰装修工程内在品质和观感质量，是建筑装饰装修工程企业开展技术创新的主要出发点和终极目标，是企业的责任所在。以人民对幸福生活的期盼和社会对高端建筑装饰装修工程需求考量，当前的技术水平，还存在着大量可供工艺创新的具体施工技术，建筑装饰行业还有极大的技术发展空间。

3.2.3 中国建材家居行业发展情况

2017年是实施“十三五”规划的重要一年，是供给侧结构性改革的深化之年。2017年世界经济温和复苏，中国经济运行稳中向好，好于预期，经济增长的质量和效益得到提升。2017年，我国建材家居业整体运行平稳，但行业分化明显。面对错综复杂的国内外经济环境，建材家居业保持了稳中有升、持续向好的良好发展态势，商品销售有所提升，从业人数稳中略降，市场规模略有扩大。

当前中国城市化进程已进入下半场，城市发展模式开始全面转变，行业面临全面转型。2017年中国建材家居行业市场规模达到43318.37亿元。其中，建筑装饰部品及材料28361.4亿元；家具、人造板和智能家居分别为9055.97亿元、5621亿元、280亿元。在建筑装饰部品及材料中，陶瓷4988亿元，石材4258亿元，厨电1245.3亿元，地板850亿元，建筑金属门窗幕墙3600亿元，木门窗1460亿元，建筑五金3182.5亿元，建筑涂料1669.2亿元，建筑照明电器2316.6亿元，吊顶436亿元，塑料管材1685.3亿元，辅料（建筑粘结剂及特种砂浆等）及新材料1832.5亿元，家居饰品838亿元（包括装饰画、窗帘、软艺、创意家居摆件）。其中，全国建筑陶瓷产量共101.46亿平方米，同比下降1.15%。1402家规模以上建陶企业主营业务收入4163亿元，利润265亿元；销售利润率为6.4%，比2016年减少0.1个百分点。出口陶瓷砖8.21亿平方米，同比下降23.6%出口额44.26亿美元，减少20%。

在全国各建陶产区中，2017年陶瓷砖产量排名前10的依次为广东（270342万平方米）、福建（144037万平方米）、江西（113527万平方米）、四川（78760万平方米）、山东（7718万平方米）、广西（59334万平方米）、河南（50305万平方米）、湖北（37677万平方米）、辽宁（33294万平方米）、陕西（28254万平方米）。

从2017年各省市陶瓷砖（出口量）所占比例来看，广东仍以65.07%的高份额占据第一的位置；福建暂居第二，占比16.79%；山东居第三，占比5.95%；广西居第四，占比4.74%；江西居第五，占比1.84%。

2017年我国出口卫生陶瓷（HS编码为6910陶瓷洗涤槽、脸盆、浴缸、坐浴盆、抽水马桶、水箱、小便器及类似固定卫生设备）出口金额为42.52亿美元，增长3864%，其中出口单价从2.47美元/千克增长到308美元/千克，增长了2457%。2017年我国卫生陶瓷出口排在前10位的国家分别是美国、新加坡、马来西亚、韩国、英国、沙特阿拉伯、阿联酋、尼日利亚、西班牙和澳大利亚。

2016 年我国陶瓷砖出口 10. 74 亿平方米，占全年总产量的 10. 46%。较 2015 年出口量与出口产品占比均下降。2016 年出口金额 55. 31 亿美元，相比 2015 年陶瓷砖出口金额 83. 26 亿美元，大幅下降，2017 年陶瓷砖出口平均单价 5. 14 美元/平方米，较 2015 年陶瓷砖出口平均单价 7. 31 美元/平方米，大幅下滑。

图 3-14 至图 3-16 为中国建筑陶瓷砖出口量、出口额和出口平均单价。

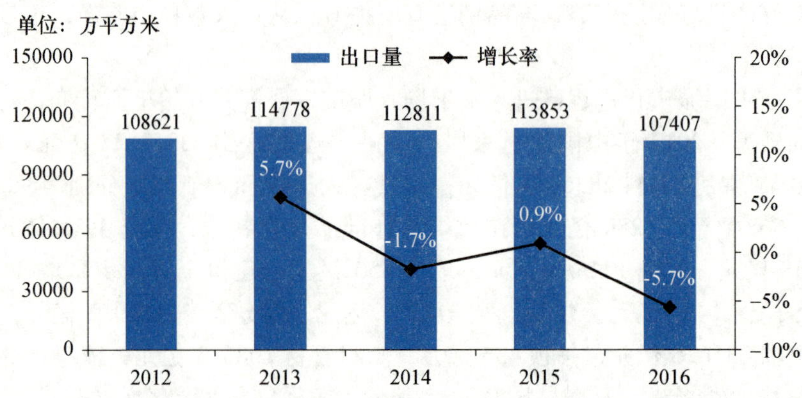

图 3-14　2012—2016 年中国建筑陶瓷砖出口量

数据来源：中国建筑卫生陶瓷协会

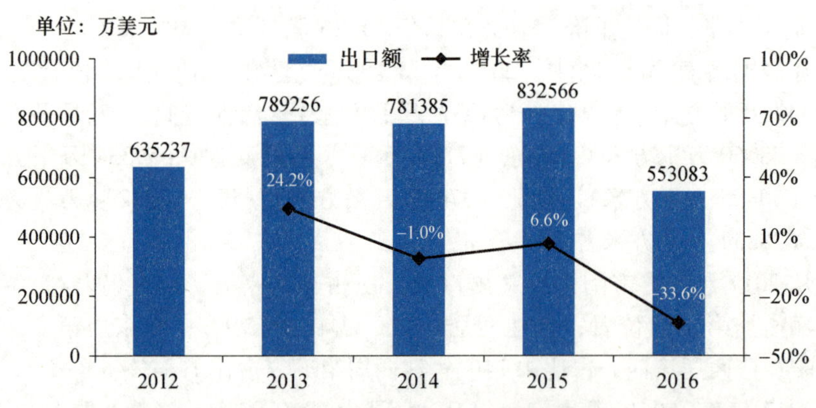

图 3-15　2012—2016 年中国建筑陶瓷砖出口额

数据来源：中国建筑卫生陶瓷协会

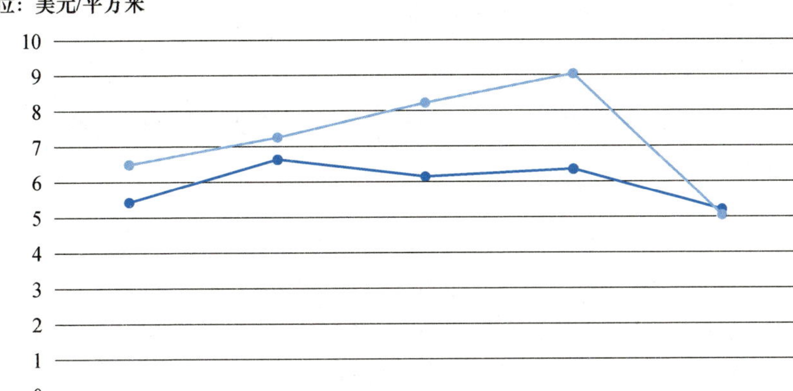

图3-16 2012—2016年中国建筑陶瓷砖出口平均单价

数据来源：中国建筑卫生陶瓷协会

第4章　行业热点事件分析

本章主要从产业事件、行业事件、市场事件三个方面，通过专家访谈、市场走访、企业访谈、消费者调查研究，梳理出瓷砖粘贴行业企业较为关注的热点话题。通过对热点事件研究整合分析，得出相关热点事件对瓷砖粘贴行业企业的积极和消极影响因素。研究过程中发现：

（1）产业事件方面：供给侧结构性改革、城市群发展、环保审查三个热点对行业和企业影响深远，是瓷砖粘贴相关行业和企业的重要指导方针，指引着企业的战略方向及未来发展趋势。

（2）行业事件方面：房地产行业楼市调控、建筑装饰装修行业标准调整、VOC法规三个事件是瓷砖粘贴行业企业较为关注的热点，直接影响瓷砖粘贴产品品类及整体需求规模，促进瓷砖粘贴产品向更成熟、更高技术性能的方向发展。

（3）市场事件方面：随着国家精装房及装配式建筑的推进，精装修模式、全屋整装服务模式、互联网家装三个事件对瓷砖粘贴行业企业产生重要影响，推动了瓷砖粘结剂产品的发展。

4.1　产业事件影响分析

4.1.1　供给侧结构性改革

建材工业是重要的原材料产业，近年来中国建材工业规模不断扩大，结构逐步优化，创新、绿色和可持续发展能力明显增强，对经济社会发展和民生改善发挥了积极作用。但同时受经济增速回落、市场需求不足等因素影响，建材工业增速放缓、效益下降、分化加剧，水泥、平板玻璃等行业产能严重过剩，部分适应生产消费升级需要的产品缺乏，一些长期积累的结构性矛盾日益凸显。

围绕《关于促进建材工业稳增长调结构增效益的指导意见》（国办〔2016〕34号）的全面贯彻，遏制经济增长下行、效益下滑、推进供给侧结构性改革，企业在去产能、补短板、增效益方面做了大量工作。

（一）去产能、补短板

去产能、补短板是供给侧结构性改革的主要目标，是结构调整优化的主要支撑。供给侧结构性改革强调“去产能一定要千方百计地推出有力度的限制新增产能的项目审查制度；一定要千方百计将淘汰落后产能的政策；一定要千方百计争取政府和行业自筹补贴资金，用于落后产能退出市场。”

随着去产能政策的实施，对建材工业影响最大的是水泥和砂石骨料行业，水泥和砂石骨料作为传统瓷砖粘结产品的主要原材料，产品价格上涨必然导致水泥砂浆的成本上涨，产品售价也随之上涨；另一方面，瓷砖粘结剂作为新型建材，是国家提倡的绿色环保产品，随着瓷砖粘结剂产能的不断提升，价格将呈现下降趋势，未来水泥砂浆的价格将有可能赶超瓷砖粘结剂，价格差异越来越小，这对于瓷砖粘结剂的发展将是一大促进。

供给侧结构性改革强调，补短板要开展四个战役：第一，做好新型建材及高端产业、带动性强、成长性好的项目和产品的研发与组织攻关；第二，加快已成熟的技术产品扩展应用领域的开发，加大推广力度，进而实现产业化、规模化；第三，继续开发一批跨行业、跨领域的高科技、高附加值产品进入其他工业领域和进入国家重点发展的战略性新兴产业领域；第四，围绕节能减排、绿色建材生产与应用，重点发展一批低能耗、无污染，满足建筑业需要的绿色新型产品。

目前，国内瓷砖粘结剂主要采用国外引进技术。在行业层面，企业自主研发能力较弱，自主创新已迫在眉睫；在政策层面，政府提倡和鼓励，瓷砖粘结剂作为新型建筑材料，节能环保，既属于新产品又属于新技术。去产能限制了传统水泥砂浆的发展，补短板又促进了瓷砖粘结剂的发展，对于瓷砖粘贴行业转型升级是一项重要利好，促进瓷砖铺贴产品向更成熟、更高技术性能的方向发展。

（二）整合上下游产业资源，提升产品竞争力

现阶段，瓷砖粘结剂行业仍处于发展期，产品推广和品牌宣传不到位，市场应用比例较低，工人施工技术尚待加强，终端业主对产品认知不足。这些问题的消除尚需瓷砖粘贴行业的共同努力，通过产品推广、知识宣传、施工管理透明化等，加强与房地产商和终端业主的交流和互动，从而进一步推动瓷砖粘结剂的行业发展。

供给侧结构性改革指出，凭借已有产业的优势，以新技术、新标准为牵引，开发高端的、有特种功能和满足特殊领域需要的、新需求的产品，形成各产业独特的新的经济增长点。随着瓷砖粘结剂产品标准及施工技术规程的出

台，未来瓷砖粘结剂一定会朝着健康良好的方向发展。

供给侧结构性改革指出“有机组合上下游产业链和延长自身产业链，发挥资源组合效能，创新企业内部机制，开展降本增效，全面提高行业资源能源利用率和经济效益。”瓷砖粘贴行业的发展不仅受粘贴材料本身上、中、下游市场及参与者的直接影响，而且与房地产、建筑陶瓷行业的发展以及终端业主的需求也存在密不可分的关系。但目前瓷砖粘贴行业上下游产业链尚未完全发挥协同作用，尚需瓷砖粘贴行业的共同努力，通过加强瓷砖粘贴上下游行业企业间的交流与互动，进一步推动上下游产业链的组合和延长自身产业链，发挥资源组合效能。

（三）加快发展建材服务业

《加快与拓展建材服务业发展的指导意见》指出，引导建材行业由建材制造转向“建材制造 + 建材服务”的创新发展模式。其意义有三个方面：第一，挖掘建材优势潜能，延长产业链，扩大经济增长来源，发挥行业自身优势；第二，适应业态发展和市场新需求，改变企业生产经营模式，提升企业产品集成、加工组合功能，赢得市场资源配置中的主导权和配置权，增加附加值；第三，适应新需求，既可拓展业务又能在传统建材增长相对减弱的情况下，起到顶替补充的作用。

瓷砖粘结剂作为陶瓷砖的配套使用产品，与陶瓷砖的供需规模呈现较强的关联性。近年来，全国陶瓷砖的实际消费量整体呈现下滑趋势。一方面受建筑及房地产市场波动影响；另一方面陶瓷砖行业本身也在经历优化产能、消化库存的阵痛。陶瓷厂在优化产能、消化库存的大环境下开始转型，打造“产品 + 服务”的业务模式，不仅销售产品，同时对售后服务进行追踪和提升。一方面提升了企业整体销售收入；另一方面又响应了国家号召。

从陶瓷厂来看，高端陶瓷厂更愿意和瓷砖粘结剂生产厂商合作，也是希望增加产品服务业务，这个角度的改变不单单影响的是建筑陶瓷行业，同时也影响了瓷砖粘结剂行业，从而促使上下游企业的相互融合及协同发展作用。

从瓷砖粘结剂生产企业来看，目前部分瓷砖粘结剂生产厂商也开始推“产品 + 服务”的业务模式，在销售瓷砖粘结剂产品的同时为终端业主提供施工服务，加强了与终端业主的沟通与交流，对瓷砖粘结剂的推广起到积极作用。

（四）节能减排，全面加快提升生态文明建设

目前，建材行业烟/粉尘、二氧化硫、氮氧化物的排放量均占全国工业部门的前三位。政策指出“节能减排的开展要打好四个战役：第一，打好水泥、平板玻璃、建筑卫生陶瓷三大产业节能减排达标攻坚战；第二，推进处置垃

圾、污泥、废弃物、危险品以及各种废弃资源的再利用与可循环发展；第三，制定与实施发展绿色建材生产与应用实施方案，制定绿色标准、绿色标识，推进绿色应用；第四，运用经济与法规手段，对建材生产实施限制约束和经济考量，严格控制和限制污染物排放，实施能耗标准阶梯电价政策，推行碳排放交易与限制政策等，多方面加快行业达标步伐。”

为进一步贯彻党中央、国务院关于生态文明建设、新型城镇化建设、供给侧结构性改革等战略部署，深入落实国家“十三五”发展规划关于节能减排和保护环境的总体要求，推动“十三五”时期散装水泥绿色产业健康发展。瓷砖粘贴行业作为建材行业的一个分支领域，也受到了国家从绿色环保、健康安全角度提出的各项政策要求。各地陆续出台并实施了关于禁止在施工现场搅拌砂浆的“禁现”政策，这一政策的落地实施，对于瓷砖粘结剂等绿色环保建材的发展起到促进作用，降低了大气污染物的排放，对于环境改善起到积极作用。

（五）加快推进企业兼并重组，提高产业集中度

建材行业形成中低端为主体的产业结构，其中一个主要的原因是优质的、处于中高端的企业数量偏少、规模偏小。而低端产业企业数量较多，低端产能大，总体上技术装备水平低，节能减排达标率低，资源能源利用率低。行业结构不合理，小企业太多是一个重要的原因，由此造成集中度低，行业缺乏凝聚力，自律效果差，无序竞争此起彼伏，行业协调工作难度大。政策指出：必须在三个方面开展攻坚，第一，致力争取出台企业兼并重组的优惠政策和被兼并企业人员安置资金补贴政策，用政策牵动，靠政策推动。第二，统一规划，引导与协调结合，各行业按产业、区域做出兼并重组的导向目录，鼓励和支持大企业主动承担行业和社会责任，勇于担当，勇于吃亏，带头推进兼并重组。“十三五”期间水泥、平板玻璃、建筑卫生陶瓷三大产业企业数量要减少四分之一以上，前10家企业集中度分别达到80%、80%和60%。第三，创新兼并重组模式，可以以区域为主推动大企业兼并中小企业，大企业兼并大企业或相互重组，推行股权置换、控股并购、相互参股、相互产能置换，推广混合所有制。

目前，国内瓷砖粘结剂生产企业有上千家，成规模的大中型企业不足30家，其他多为规模较小的小型企业或作坊式企业。尽管瓷砖粘结剂行业整体仍呈现出小、多、弱、散的特征，但近几年随着国家政策出台、环保力度加强、行业标准发布，以及需求市场对品牌、品质的重视，行业整合趋势加速，全国性、区域性知名品牌竞争力加强，小企业、作坊式企业逐渐被淘汰或兼并，行业整合加剧。

（六）加快推进“走出去”发展

加快“走出去”发展，顺应全球经济一体化和市场经济无疆界的规律，顺应资源在市场配置中起决定作用的规律，中国经济尤其是中国建材行业的发展，总体上已经达到世界先进或领先的水平。众多发展中国家，尤其是“一带一路”国家和地区经济发展的阶段性、刚性需求，为中国建材行业“走出去”发展和开展国际产能合作提供了新的发展良机。为此，必须着力抓好四个方面的工作：第一，把“走出去”发展统一纳入“十三五”发展目标，既要积极谋划与推进，又要有明确的目标引导，防止重叠、减少“走出去”的无序竞争。第二，组织重点需求。国家重点需要发展的产业与我国企业进行意向对接，增加合作的可能性和成功率。第三，有意向、有目的地在国外组织若干不同类型的国际产能合作示范产业园区，建立类似东盟地区的全方位发展模式，突出经贸合作，在孟中印缅经济走廊中选择重点发展项目，融入其基础设施建设，选择贸易相对集中的枢纽地区开展产品、装备、劳务等各种经贸合作。第四，中国建材联合会“走出去”办公室和“走出去”产业链以建成四大数据库为支撑，提供牵线搭桥为主要形式的服务，协调解决“走出去”发展中的问题，为企业提供“走出去”的全方位服务，共同推进建材行业“走出去”发展。

在供给侧改革大环境下，瓷砖粘结剂作为建材行业的分支领域，应顺应建材行业“走出去”步伐，加快产品升级，满足“一带一路”沿线国家和地区经济发展的阶段性、刚性需求，为中国建材行业“走出去”发展和开展国际产能合作提供新的发展机遇。未来建材行业应顺应时代潮流，加大产业融合，转变出口模式，不仅出口单一产品，同时提供配套产品的出口及服务。随着陶瓷砖及瓷砖粘结剂的产业融合，未来陶瓷砖的出口也将带动瓷砖粘结剂产品的出口。

4.1.2 城市群发展规划

城市群是由不同等级城市及其腹地通过空间相互作用而形成的城市联合体。城市群的出现是生产力发展、生产要素逐步优化组合的产物，是工业化、城镇化发展的高级形态，也是国民经济快速发展、现代化水平不断提高的标志之一。城市群在城镇化格局中具有独特作用。

城市群发展规划加快编制的同时，各大城市群的发展步伐也在持续加快。“十三五”规划纲要明确提出，优化提升东部地区城市群，建设京津冀、长三角、珠三角世界级城市群，提升山东半岛、海峡西岸城市群开放竞争水平，培育中西部地区城市群，发展壮大东北地区、中原地区、长江中游、成渝地区、关中平原城市群，规划引导北部湾、山西中部、呼包鄂榆、黔中、滇中、兰州—西宁、宁夏沿黄、天山北坡城市群发展，形成更多支撑区域发展的增长极。值得一提的是，随着传统的省域经济和行政区经济逐步向城市群经济过渡，城市的集聚效应日益凸显，城市群已经成为中国经济社会发展的重要载体，对于中国新型城镇化进程起到巨大的推动作用。

随着城市群建设的提速，基础设施建设加快，对于建材行业最大需求来自“十三五”期间重点建设的三大世界级城市群：京津冀、长三角、珠三角，未来需求缺口来自16个省区级城市群，包括山东半岛、海峡西岸、中西部地区，东北地区、中原地区、长江中游、成渝地区、关中平原城市群、北部湾、晋中、呼包鄂榆、黔中、滇中、兰州—西宁、宁夏沿黄、天山北坡城市群。

表4-1　部分城市群发展规划政策文件

发布时间	政策文件名称
2008年12月8日	《珠江三角洲地区改革发展规划纲要（2008—2020年）》
2015年4月5日	《长江中游城市群发展规划》
2015年4月30日	《京津冀协同发展规划纲要》
2016年3月12日	《哈长城市群发展规划》
2016年5月11日	《长江三角洲城市群发展规划》
2016年2月16日	《“十三五”时期京津冀国民经济和社会发展规划》
2016年3月30日	《成渝城市群发展规划》
2017年2月10日	《北部湾城市群发展规划》
2018年2月2日	《关中平原城市群发展规划》
2018年4月14日	《河北雄安新区规划纲要》

研究团队通过案头研究、专家访谈、市场走访、企业访谈对瓷砖粘贴相关行业进行了系统的研究和梳理。在研究过程中发现，城市群发展规划对于瓷砖粘贴行业最大的影响主要体现在区域供需格局的改变。重点城市群瓷砖粘贴行业供需呈现如下特征：

一、京津冀城市群

京津冀城市群由首都经济圈发展而来，包括北京、天津两大直辖市和河北省的保定、唐山、石家庄、廊坊、秦皇岛、张家口、承德、沧州、衡水、邢台、邯郸。其中北京、天津、保定、廊坊为中部核心功能区，率先联动发展。

2015年4月30日，中共中央政治局审议通过《京津冀协同发展规划纲要》（简称《纲要》），《纲要》指出：推动京津冀协同发展是一个重大国家战略，核心是有序疏解北京非首都功能，要在京津冀交通一体化、生态环境保护、产业升级转移等重点领域率先取得突破。从疏解对象来看，重点疏解一般性产业（特别是高消耗产业、区域物流基地，区域性专业市场等部分第三产业，部分教育、医疗、培训机构等社会公共服务功能，部分行政性、事业性服务机构和企业总部等四类非首都功能）。《纲要》要求：北京对一般制造业和低端产业要严控增量，对新项目严格把关；对现有的不符合首都功能的产业进行外迁、外移；对有一定污染、效益较低的企业坚决淘汰、关停；对符合首都功能特点、技术有待提高的产业及时投入，进行技术改造。

2018 年 4 月 14 日，《河北雄安新区规划纲要》颁布实施，规划明确指出建设“雄安新区”意义重大、影响深远。中国特色社会主义进入新时代，中国经济由高速增长阶段转向高质量发展阶段，一个阶段要有一个阶段的标志，“雄安新区”要在推动高质量发展方面成为全国的一个样板。“雄安新区”作为北京非首都功能疏解集中承载地，与北京城市副中心形成北京发展新的两翼，共同承担起解决北京“大城市病”的历史重任，有利于探索人口经济密集地区优化开发新模式；培育建设现代化经济体系的新引擎，以 2022 年北京冬奥会和冬残奥会为契机推进张北地区建设形成河北两翼，补齐区域发展短板，提升区域经济社会发展质量和水平，有利于形成新的区域增长极；建设高水平社会主义现代化城市，有利于调整优化京津冀城市布局和空间结构，加快构建京津冀世界级城市群；创造“雄安质量”，有利于推动雄安新区实现更高水平、更有效率、更加公平、更可持续发展，打造贯彻落实新发展理念的创新发展示范区，成为新时代高质量发展的全国样板。目标到 2035 年，基本建成绿色低碳、信息智能、宜居宜业、具有较强竞争力和影响力、人与自然和谐共生的高水平社会主义现代化城市。城市功能趋于完善，新区交通网络便捷高效，现代化基础设施系统完备，高端高新产业引领发展，优质公共服务体系基本形成，白洋淀生态环境根本改善；有效承接北京非首都功能，对外开放水平和国际影响力不断提高，实现城市治理能力和社会管理现代化。“雄安质量”引领全国高质量发展作用明显，成为现代化经济体系的新引擎。

京津冀城市群发展政策逐步落地实施，从需求端来看，随着北京城市副中心及雄安新区的设立，基础设施大基建项目建设增加，带动了区域建筑陶瓷及瓷砖粘结剂的需求规模，对于建材行业是一项重大利好。从供给端来看，受环保政策影响，华北区域是我国近年来环保审查、整改的重点区域。特别是非首都功能的疏解，对于建材行业影响较大，主要体现在以下方面：

（一）京津冀城市群发展对瓷砖粘贴行业的积极影响

（1）京津冀协同发展大大改善了区域经济发展环境，促进区域工业结构调整和生产方式的转变，逐步催变建材市场结构和产品结构的调整和优化，为瓷砖粘贴行业市场的繁荣、健康和绿色发展奠定了基础。

（2）雄安新区的建设将实现产业和人口的迁移、实现京津冀一体化。房地产及基建领域的建筑需求量较大，将带动瓷砖粘结剂等建材产品的销售，瓷砖粘贴行业将迎来新一轮的发展。

（3）京津冀城市群的发展促使人员流动加大，基础设施建设增加，未来将成为建材行业发展的推动力，利好瓷砖粘贴企业的发展和繁荣。对于促进瓷砖粘结剂企业强化自身品牌效应，探索更加多元化的销售模式具有重要意义。

（二）京津冀城市群对瓷砖粘贴企业的消极影响

（1）生产端——京津冀协同发展，为实现非首都功能疏解，多数瓷砖粘结剂生产企业需要外迁、外移，外迁、外移导致原厂房闲置，合理使用或转置较为棘手，现有资源被迫浪费；外迁、外移需要建设新工厂，对于原本经营困难的企业，将加重企业负担；生产设备的拆卸、搬运、安装费用较高，购置新设备价格也较高，增加了企业成本；外迁、外移导致部分员工和技术骨干由于家庭、子女入学等原因不愿离开北京而流失，企业需要重新招聘和培养。整体来看，外迁、外移对于瓷砖粘结剂等生产企业成本增加，经营压力较大。

（2）渠道端——京津冀城市群发展规划的颁布，促进了北京非首都功能疏解进一步实施，北京建材市场拆迁。部分建材市场被迁出北京，而部分建材市场由于达不到要求直接关停。对于瓷砖粘结剂生产企业而言，渠道商数量减少。原已开发好的渠道商需要重新进行开发，无疑增加了企业成本。

（3）需求端——2017 年北京房地产市场迅速降温，住宅成交量快速收缩，销售价格迅速下行。同时，京津冀协同调控力度不断加大，环京楼市同步降温。具体来看，2017 年北京商品房销售面积 875 万平方米，同比下降 47.8%；天津商品房销售面积 1482.12 万平方米，同比下降 45.3%；河北商品房销售面积 6425.9 万平方米，同比下降 3.8%。2017 年由于环京楼市降温，瓷砖粘贴产品的总需求量下降。

二、珠江三角洲城市群

《珠江三角洲地区改革发展规划纲要（2008—2020 年）》于 2008 年 12 月 8 日颁布，珠江三角洲城市群包括广州、深圳、珠海、佛山、东莞、惠州、中山、江门、肇庆 9 个主要城市，新规划扩容汕尾、清远、云浮、河源、韶关 5 个城市，共 14 个城市形成珠三角城市群，是国家级三大城市群之一。

珠江三角洲城市群是亚太地区最具活力的经济区之一，它以广东 70% 的人口，创造着全省 85% 的 GDP。它是有全球影响力的先进制造业基地和现代服务业基地，是南方地区对外开放的门户，中国参与经济全球化的主体区域，全国科技创新与技术研发基地，全国经济发展的重要引擎，辐射带动华南、华中和西南发展的龙头，是我国人口集聚最多、创新能力最强、综合实力最强的三大区域之一。

珠江三角洲作为中国改革开放的先行区及国家的优化开发地区，经济发达，工业实力雄厚，其城镇化和工业化发展在中国具有典型性和代表性。近年来，由于土地资源紧张、劳动力成本上升、资源环境承载力告急等问题凸显，珠三角产业结构转型与空间结构调整迫在眉睫，工业生产空间的优化调控也成为其面临的迫切而重大的问题。

（一）珠江三角洲城市群发展对瓷砖粘贴行业的积极影响

（1）珠江三角洲在中国的改革开放、经济腾飞和融入全球化过程中一直扮演着重要角色。改革开放后，珠江三角洲城市群继续向纵深方向发展，由广州、深圳、中山等为主导的城市带动周边城市区域的发展，发展到现在已成为全国市场化程度最高、市场体系最完备、城镇化水平较高的地区，对瓷砖粘贴行业的发展起到强有力的推动作用。

（2）珠江三角洲作为我国经济发展对外的主要窗口，同时又是我国建筑陶瓷的主要生产基地，聚集了蒙娜丽莎、东鹏、马可波罗等知名陶瓷生产企业，珠江三角洲城市群的发展为中国瓷砖行业“走出去”发展战略和开展国际产能合作提供了机会，对瓷砖粘结剂行业走向国外市场具有重要促进作用。

（3）珠江三角洲作为全国经济发展的领头羊，2016 年以 0.57% 的国土面积集聚了全国 4.29% 的人口，创造了全国 9.14% 的国内生产总值。经济发展迅速，人口流动性较大，基础设施建设较快，带动了瓷砖粘结剂产品的整体需求规模。

（二）珠江三角洲城市群发展对瓷砖粘贴企业的消极影响

（1）珠江三角洲城市群是较早发展起来的城市群之一，市场较为成熟，土地和人工成本较高，对于瓷砖粘结剂生产企业来说经营压力较大。

（2）珠江三角洲城市群作为建筑陶瓷的主要产区，近年来针对工业污染而发起的环保整治让陶瓷行业备受挑战，陶瓷行业面临着大规模停产及产业的转型升级。瓷砖粘结剂作为陶瓷砖的配套使用产品，受陶瓷企业影响较大。

三、成渝城市群

2016 年 3 月 30 日，《成渝城市群发展规划》颁布，成渝城市群是西部大开发的重要平台，是长江经济带的战略支撑，也是国家推进新型城镇化的重要示范区。具体范围包括四川省的成都、自贡、泸州、德阳、绵阳（除北川县、平武县）、遂宁、内江、乐山、南充、眉山、宜宾、广安、达州（除万源市）、雅安（除天全县、宝兴县）、资阳15个市，重庆市的渝中、万州、黔江、涪陵等27个区（县）以及开县、云阳的部分地区，总面积18.5万平方千米。

目标到2020年，基本建成经济充满活力、生活品质优良、生态环境优美的国家级城市群。到2030年，重庆、成都等国家中心城市的辐射带动作用明显增强，城市群一体化发展全面实现，同城化水平显著提升，创新型现代产业支撑体系更加健全，人口经济集聚度进一步提升，国际竞争力进一步增强，实现由国家级城市群向世界级城市群的历史性跨越。

成渝城市群处于全国“两横三纵”城市化战略格局的交汇地带，是全国重要的城镇化区域，具有承东启西，链接南北的区位优势，是西部大开发战略深入实施的强力支撑，承接了重要的经济传递作用，对于引领西部新型城镇化和农业现代化具有重要意义。

（一）成渝城市群发展对瓷砖粘贴行业的积极影响

（1）2017年成渝城市群区域生产总值为4.76万亿元，位居西部地区第一位。较2016年区域GDP增速较快。由于现阶段成渝城镇化水平较低，未来将有很强的发展空间。随着成渝城市群建设以来，特别是2016—2017年西南地区的固定资产投资规模及房屋建设竣工规模，均已超过华北、东北等区域。绵阳、乐山、南充泸州、宜宾、万州等城市基础设施建设增加，将带动建材行业快速发展。

（2）短期来看，成渝地区房地产调控政策的实施，现阶段对瓷砖粘贴行业会产生一定的影响。但从成渝城市群长期发展来看，特别是重庆、成都出台的引进高层次人才优惠政策，对于促进人力、技术、资本、土地、信息等要素流动具有重要利好作用。未来，这些要素的流动将带动房地产项目的向好发展。

（3）成渝城市群把建设重要节点城市作为优化城镇体系的抓手，提升专业化服务功能，培育壮大特色优势产业。强化江津、德阳等在重庆、成都都市圈中的协作配套功能，发挥遂宁、大足等区位优势明显城市对成渝主轴的支撑作用，完善自贡、达州等城市在城镇密集区发展中的支点作用。强化成都和重庆航空枢纽功能，新建成都新机场和乐山机场，扩建重庆江北国际机场和万州机场。中心城市建设规划，将促进瓷砖粘贴行业的进一步发展。

（4）成渝城市群位于西南地区，人力成本较东部沿海地区较低，随着东部地区“去产能”政策的实施，企业将由东向西转移。34个千亿产业园的规划，将促进成渝城市群的繁荣发展，发展加速必然带动瓷砖粘结剂需求规模的增大。

（二）成渝城市群发展对瓷砖粘贴行业的消极影响

（1）成渝城市群的发展围绕建设资源节约型、环境友好型社会和推进可持续发展的要求，大力发展“低碳”经济、生态经济。随着节能减排的推进，对于瓷砖粘贴行业企业必定产生一定的影响。对于无法达到环保要求的生产企业，企业停产或被迫兼并将是最终的归宿。

（2）成渝城市群作为西北大开发的重点发展区域，目前城镇化水平相对较低，经济相对落后，人均可支配收入与东部沿海地区差异较大。而瓷砖粘结剂作为新型建筑材料，价格相比传统水泥砂浆要高，对于瓷砖粘结剂产品的接受程度可能更低，将会限制瓷砖粘结剂产品的发展。

4.1.3 环保审查

环保审查力度与环保政策的实施对于建材行业结构的调整、产品技术的革新起到强有力的推动作用。环保审查是行业企业都较为关注的热点话题。

从整个政策层面来看，从 2016 年开始，中央已组织开展了 4 次环保大督查，在这样的大背景下，环保部、发改委、工信部等部委均出台了相关政策文件，环保审查的节奏从一开始的针对有色金属、焦化煤气、化肥、电解铝等污染较严重的领域入手，涉及的省（自治区）包括内蒙古、黑龙江、江苏、江西、河南、广西、云南、宁夏等。到目前为止，整个环保审查的力度和政策的落实已在全国大面积铺开。一方面起到行业整合作用，另一方面行业未来的发展方向需要在环保这个大课题下进行更深层次的探讨和研究。

随着国家对环境整治决心的加强，2015 年起环保政策密集出台，京津冀周边城市限产力度进一步加大，社会整体对环保问题的关注度逐步提升。

环保政策客观上设定了水泥企业产能，发挥所需的达标环境条件与环境标准，创设了水泥行业去产能的宏观外部约束环境，严格规范的环保执法形成水泥行业去产能效应。当前是深化供给侧结构性改革的关键攻坚时期，作为产能严重过剩的水泥行业去产能任务异常艰巨。各方在通过提高行业集中度、行业自律、市场协同、组建区域联合公司等经济手段推进水泥行业供给侧结构性改革的同时，各项环保政策法规为中国水泥行业去产能提供了法治化与市场化相结合的道路，环保政策的有力执行和贯彻，将极大促进水泥行业创新生产方式，降低能源消耗和污染，必将会极大促进水泥行业去产能进程的步伐，加快水泥行业深入践行“创新、协调、绿色、开放、共享”的发展理念。

中国“环保”政策见表 4-2。

表 4-2　中国“环保”政策汇总

发布时间	政策文件名称	发布单位
2015 年 4 月	《中共中央　国务院　关于加快推进生态文明建设的意见》	国务院
2015 年 9 月	《中共中央　国务院　印发〈生态文明体制改革总体方案〉》	国务院
2015 年 10 月	《绿色建材评价技术导则》	工信部、住建部
2016 年 3 月	《国民经济和社会发展第十三个五年规划纲要》	发改委
2016 年 3 月	《生态环境大数据建设总体方案》	环保部
2016 年 7 月	《“十三五”环境影响评价改革实施方案》	环保部
2016 年 7 月	《重点行业挥发性有机物削减行动计划》	工信部、财政部
2016 年 9 月	《绿色制造工程实施指南（2016—2020 年）》	工信部
2016 年 10 月	《全国生态保护“十三五”规划纲要》	环保部
2016 年 11 月	《“十三五”生态环境保护规划》	国务院
2016 年 12 月	《中华人民共和国环境保护税法》	全国人大常委会
2016 年 12 月	《关于环境保护税收入归属问题的通知》	国务院
2017 年 1 月	《国务院关于印发“十三五”节能减排综合工作方案的通知》	国务院
2017 年 2 月	《全国农村环境综合整治“十三五”规划》	环保部、财政部
2017 年 2 月	《国家环境保护“十三五”环境与健康工作规划》	环保部
2017 年 2 月	《核安全与放射性污染防治“十三五”规划及 2025 年远景目标》	国务院
2017 年 2 月	《城市环境空气质量变化程度排名方案》	环保部
2017 年 2 月	《京津冀及周边地区 2017 年大气污染防治工作方案》	环保部
2017 年 3 月	《关于利用综合标准依法依规推动落后产能推出的指导意见》	发改委等十六部委
2017 年 4 月	《国家环境保护标准“十三五”发展规划》	环保部
2017 年 4 月	《重点行业和流域排污许可管理试点工作方案（征求意见稿）》	环保部
2017 年 4 月	《关于支持首批老工业城市和资源型城市产业转型升级示范区建设的通知》	发改委
2017 年 5 月	《排污单位自行监测技术指南总则》	环保部
2017 年 5 月	《关于京津冀及周边地区执行大气污染物特别排放限值的公告（征求意见稿）》	环保部

续表

发布时间	政策文件名称	发布单位
2017 年 5 月	《工业节能与绿色标准化行动计划（2017—2019 年）》	环保部
2017 年 8 月	《关于推进供给侧结构性改革，防范化解煤电产能过剩风险的意见》	发改委等十六部委
2017 年 9 月	《“十三五”挥发性有机物污染防治工作方案》	环保部等六部委

在整个环保审查的行业中，与瓷砖粘贴产品最相关的是水泥行业，瓷砖粘贴企业最关心的课题是关于水泥行业所实施的一系列相关环保审查政策，具体来看，主要聚焦在发展绿色建材、限制污染气体排放等方面。如《绿色建材评价技术导则》《工业节能与绿色标准化行动计划（2017—2019 年）》及《“十三五”挥发性有机物污染防治工作方案》等。在整个环保监察实施的过程中，需要特别提出的事件如下：

2016 年 1 月，环保部启动督察组督查专项行动，对地方环保部门行政作为、执法行为及企业的环境行为进行强力督导，并及时信息公开与发布，在社会上已然形成了环境执法守法的强大氛围。对企业环境违法行为，环保监管部门有查封、扣押的行政强制权，还有行政代执行权。另外，新《环保法》不但加大了对企业的环保监管，也加重了环保监管部门的责任，规定了严厉的行政问责措施，对企业环评许可、规划证明和土地证明等文件有瑕疵的企业，一旦发生环境污染事故，将层层问责，相关责任部门将难逃其责。

2016 年 12 月，《中华人民共和国环境保护税法》实施后，中央、地方政府及各级环保监管部门的环保监管职能逐步到位，执法力度加大，社会公众参与意愿空前高涨，形成了全方位、多维度的环保监管体系。

这些监管措施对建材行业影响巨大，特别是让无证经营、环保手续缺失的建材企业无处遁形，全覆盖式执法有力制止了违规产能的形成，无形中淘汰了落后产能。环保督查情况见表 4-3。

表 4-3 环保督查情况

批次	启动时间	督查省份	重点督查行业
试点	2016 年 1 月	河北	—
第一批	2016 年 7 月	内蒙古、黑龙江、江苏、江西、河南、广西、云南、宁夏	有色金属、焦化煤气、化肥、电解铝
第二批	2016 年 11 月	北京、上海、湖北、广东、重庆、山西、甘肃	化工、煤炭、水泥、火电、养殖、有色金属、电解铝

续表

批次	启动时间	督查省份	重点督查行业
第三批	2017年4月	天津、山西、辽宁、安徽、福建、湖南、贵州	有色金属、煤炭、石化、水泥、造纸、焦化、钢铁
第四批	2017年8月	四川、吉林、浙江、山东、河南、西藏、青海、新疆	—

针对近两年环保审查实施以来，对于行业企业影响较大，产生了较多的冲突和矛盾。研究团队通过专家访谈、市场走访、企业访谈、消费者调研，对瓷砖粘贴相关行业进行了系统的研究和梳理。在研究过程中，采集到瓷砖粘贴行业对于环保审查的一些态度，主要表现在积极和消极两个方面。具体来看：

一、环保审查对于瓷砖粘贴行业产生的积极影响

（1）为防止环境污染，全国多地区已出台禁止在施工现场搅拌砂浆的“禁现”政策，这一政策的实施给瓷砖粘贴行业（特别是瓷砖粘结剂生产企业）提供了有利的发展空间，瓷砖粘结剂产品将得到广泛的推广和应用。

（2）环保审查大环境下，国家大力提倡发展绿色建材，预拌砂浆（特种砂浆）被纳入《绿色建材评价技术导则》产品体系，同时2015年《促进绿色建材生产和应用方案》中明确规定了“预拌砂浆的推广和应用”，对于整个预拌砂浆行业带来了重大利好消息，瓷砖粘结剂作为预拌特种砂浆中的一类产品，影响意义深远。

（3）环保政策的落地实施，是瓷砖粘贴企业控制污染、减排总量、调整结构、优化布局的重要抓手，是优化产业结构的一种重要方式。环保审查的开展，从结构来看，政策更加利好大型生产企业，中小型落后生产企业面临关停、升级、改造。环保审查促使瓷砖粘贴行业进入一个良性循环阶段，是瓷砖粘结剂生产企业创新发展的新契机。

二、环保审查对于瓷砖粘贴行业产生的消极影响

（1）行业结构方面：随着各地环保监管趋严，对于落后的生产设备和工艺无法达到环保要求的瓷砖粘结剂生产企业，势必进行更新换代，企业成本增加，经营压力较大，尤其是对于中小型瓷砖粘结剂生产企业而言，生存更加艰难，瓷砖粘贴行业势必重新洗牌。

（2）上游原材料方面：为加强环境保护，实现资源的可持续发展，“十三五”期间，政府提倡绿色矿山政策，确保矿山科学有序开采。上游原材料“限采”政策的实施，导致瓷砖粘结剂原材料价格普遍上涨，企业经营压力较大。

（3）下游需求市场方面：由于项目建设会造成区域的不良环境，环保政策实施以来，房地产和基建项目审批更加严格，多数房地产和基建项目被迫暂停，瓷砖粘结剂等建筑材料的整体需求规模减小。

针对环保审查，从行业角度来看，企业面对日益严苛的环保法规，应尽早进行升级改造，提升产品品质，保证服务质量，才能在行业内稳步发展。

综上所述，在推行环保的大环境下，绿色生产是企业发展的长久之道，在新的市场环境下环保是压力，同样也是机遇。

资料：

2016 年 3 月，发改委发布《国民经济和社会发展第十三个五年规划纲要》将环境保护作为“十三五”时期国家建设发展的重要关注领域，发展资源节约循环利用关键技术和生态治理修复成套技术，加快节能环保产业发展。

2016 年 7 月，工信部和财政部两部委颁布了《重点行业挥发性有机物削减行动计划》，计划鼓励相关行业协会、科研院所和咨询机构等充分发挥自身优势，研究制定本行业的 VOCs 削减路线图，促进重点行业挥发性有机物削减。

2016 年 11 月，国务院颁布《“十三五”生态环境保护规划》，把资源消耗、环境损害、生态效益纳入地方各级政府经济社会发展评价体系，完成生态环境损害赔偿制度改革试点。

2016 年 12 月，全国人大常委会通过了《中华人民共和国环境保护税法》，从法律层面对相关企业进行法律约束以实现对环境保护工作的推动。

2017 年 2 月，环保部颁布《京津冀周边地区 2017 年大气污染防治工作方案》，针对京津冀周边城市大气污染问题，环保部曾多次提出指导方案，特别提出治理“京津冀大气污染传输通道城市”，将北京市、天津市、河北省 8 市、山西省 4 市、山东省 7 市、河南省 7 市列为重点限产城市，简称“2 + 26”城市。环保部对“2 + 26”城市空气质量改善情况实施按月排名，按季度考核；北京、天津、廊坊、保定市以及区县为单位参与排名，考核和排名结果交由干部主管部门，作为对领导班子和领导干部综合考核评价的重要依据。

2017 年 4 月，环保部颁布《国家环境保护标准“十三五”发展规划》，进一步完善环境保护标准体系，充分发挥标准对改善环境质量、防范环境风险的积极作用。国家层面政策推进为各部门对环境保护的重视和相关机构的政策落实明确了方向，制定了政策约束。

2017 年 5 月，环保部颁布《工业节能与绿色标准化行动计划（2017—

2019年)》，计划指出全面贯彻新发展理念，落实中国制造2025，加快推进绿色制造，紧紧围绕工业节能与绿色发展的需要，按照国务院标准化工作改革的要求，充分发挥行业主管部门在标准制定、实施和监督中的作用，强化工业节能与绿色标准制修订，扩大标准覆盖面，加大标准实施监督和能力建设，健全工业节能与绿色标准化工作体系，切实发挥标准对工业节能与绿色发展的支撑和引领作用。

2017年9月，环保部等六部委联合颁布《"十三五"挥发性有机物污染防治工作方案》，方案指出以改善环境质量为核心，以重点地区为主要着力点，以重点行业和重点污染物为主要控制对象，推进VOCs、NO_x协同减排，强化新增污染物排放控制。

4.2　行业事件影响分析

4.2.1　房地产行业楼市调控对瓷砖粘贴行业的影响分析

2017年房地产行业政策坚持"房子是用来住的，不是用来炒的"基调，从传统的需求端抑制向供给侧增加进行转变，对于需求者实施限购限贷限售，在供给端加大保障性和政策性住房的供给力度。供应结构优化，调控效果逐步显现。同时短期调控与长效机制的衔接更为紧密，大力培育发展住房租赁市场、深化发展共有产权住房试点，在控制房价水平的同时，完善多层次住房供应体系，构建租购并举的房地产制度，推动长效机制的建立健全。

2017年房地产行业持续承压，整体增长乏力。一方面，政府本轮调控的决心，从供给和需求两侧入手双管齐下大力整改房地产市场。另一方面，随着城镇化红利的逐步消退，与之紧密相关的房地产行业在市场规律的作用下也渐渐迈入"白银时代"。

未来房地产政策短期将坚持政策的连续性稳定性，主体政策收紧趋势不变，形成"高端有市场、中端有支持、低端有保障"的住房发展格局。

过去10多年，得益于房地产行业的高速发展，建材工业的增长速度一度保持良好的发展态势。但近年随着房地产政策持续收紧，多地商品房成交量创下新低，建材产品需求降低。未来随着国家推动"西部大开发""新农村建设""特色小镇"政策的实施将为建材行业的发展提供一大助力。现阶段瓷砖粘结剂仍存在大量的空白市场，产品普及率较低，随着各地保障性住房建设及大量棚户区的改造工程项目将推动瓷砖粘结剂的行业发展。

（一）楼市调控对瓷砖粘贴行业的积极影响

（1）房地产楼市调控政策的实施，有效打击了住房投机行为，保障和促进了用户的正常购房行为和刚性需求。对于刚需购买者而言，一般在房屋购买后便会选择装修，增加了房屋的装修开工率。房地产楼市调控，同时促进了二手房交易量的增加，二手房消费者通常也会选择二次装修，对于建材行业业绩下滑进行了一定弥补。

（2）房地产楼市调控，促使房地产行业趋于规范化。瓷砖粘贴行业作为房地产行业的需求行业，楼市调控后粘贴行业将保持在相对稳定的市场需求下。因而，调控更加有利于建材市场的健康发展。同时，瓷砖粘贴行业正迎来升级换代的潮流趋势，传统水泥砂浆逐渐被瓷砖粘结剂产品所取代。瓷砖粘贴产品正在向品牌化、高端化方向发展，将有效促进瓷砖粘结剂的发展。

（3）房地产楼市调控政策是完善瓷砖粘贴行业的新契机，促进了瓷砖粘贴产业结构调整和企业转型升级，为瓷砖粘贴行业带来新的变革。房地产调控推动了瓷砖粘贴行业企业加快技术革新、开发更为成熟及先进的产品，促进瓷砖粘结剂厂商转型升级，开发更为完善的销售渠道。

（4）房地产限购、限贷、限价政策的实施促使房价趋于稳定，对于购买者而言，将有更宽裕的资金投入高品质装修，家装建材行业将出现“报复性反弹”，长期来看，家装建材趋势必然向好，将促进瓷砖粘结剂行业发展。

（二）楼市调控对瓷砖粘贴行业的消极影响

（1）房地产楼市调控政策持续收紧，商品房成交量下滑，直接影响房屋装修的整体面积，而房屋装修面积的减少势必造成装修建材产品整体需求减少。

（2）房地产楼市调控，导致建材行业企业竞争加剧，一些资金链有问题、产品销售困难、经营管理不佳的瓷砖粘结剂生产企业将被淘汰或兼并。

（3）房地产楼市调控迫使瓷砖粘结剂生产企业进行生产设备更新换代、技术工艺革新，提升企业自主研发能力，企业转型升级无疑增加了瓷砖粘结剂生产企业的综合成本，企业经营压力加大。

资料：

2015 年以来房地产行业重要调控政策

2015 年 3 月 30 日，央行、住建部、银监会联合下发通知，对拥有一套住房且相应购房贷款未结清的居民家庭购买二套房，最低首付款比例调整不低于 40%。使用住房公积金贷款购买首套普通自住房，最低首付 20%；拥有一套住房并已结清贷款的家庭，再次申请住房公积金购房，最低首付 30%。

2015年5月11日，央行下调存贷款基准利率0.25个百分点。中国人民银行10日宣布，自2015年5月11日起下调金融机构人民币贷款和存款基准利率。金融机构一年期贷款基准利率下调0.25个百分点至5.1%；其他各档次贷款及存款基准利率、个人住房公积金存贷款利率相应调整。这一调整使商业房贷利率调整到了5.65%，住房公积金贷款利率调整到了3.75%。

2016年2月19日，财政部、国家税务总局和住建部三部门联合发布《关于调整房地产交易环节契税营业税优惠政策的通知》，对个人购买的前两套住房给予降低契税优惠；对个人购买2年以上（含2年）的住房对外销售的，免征营业税。契税方面，新的调整意味着，原来购买首套住房，分别要交1%、1.5%、3%的契税，即90平方米以下普通住房是1%，90平方米以上普通住房是1.5%，非普通住房是3%。新政之后，90平方米以下的普通住宅契税额不变，其他最多只交1.5%。此前对于二套房的购置，无论面积大小，都统一按照3%的税率进行计征。

2017年2月26日，习近平总书记主持召开中央财经领导小组第十五次会议，强调建立促进房地产市场平稳健康发展长效机制，要充分考虑到房地产市场特点，紧紧把握“房子是用来住的、不是用来炒的”的定位，深入研究短期和长期相结合的长效机制和基础性制度安排。要完善一揽子政策组合，引导投资行为，合理引导预期，保证房地产市场稳定。要调整和优化中长期供给体系，实现房地产市场动态均衡。

2017年3月5日，李克强总理代表国务院在十二届全国人大五次会议上作《政府工作报告》，提出目前三、四线城市房地产库存仍然较多，要支持居民自住和进城人员购房需求。坚持住房的居住属性，落实地方政府主体责任，加快建立和完善促进房地产市场平稳健康发展的长效机制，健全购租并举的住房制度，以市场为主满足多层次需求，以政府为主提供基本保障。加强房地产市场分类调控，房价上涨压力大的城市要合理增加住宅用地，规范开发、销售、中介等行为，遏制热点城市房价过快上涨。

2017年6月26日，全国政协十二届常委会第二十一次会议围绕“深化供给侧结构性改革，促进经济平稳健康发展”。强调要坚持分类调控因城施策，稳步推进房地产去库存，促进房地产市场平稳健康发展。推动市场化法治化债转股，强化企业自身债务约束，逐步降低企业杠杆率。加大减税降费力度，完善收费目录清单管理制度，切实减轻企业负担。

2017年10月18—24日，中国共产党第十九次全国代表大会在北京召开，加强社会保障体系建设方面，提出坚持“房子是用来住的、不是用来炒的”定位，加快建立多主体供给、多渠道保障、租购并举的住房制度，让全体人民住有所居。

2017 年 11 月 21 日，住房城乡建设部会同国土资源部、中国人民银行在湖北省武汉市召开部分省市房地产工作座谈会，学习贯彻党的十九大精神，部署近期房地产工作，进一步落实地方调控主体责任，指出要坚持分类调控、因城因地施策，坚持调控目标不动摇、力度不放松，保持调控政策的连续性稳定性，切实防范化解房地产风险，促进房地产市场平稳健康发展。会议强调，坚持“房子是用来住的、不是用来炒的”定位，加快建立多主体供给、多渠道保障、租购并举的住房制度，让全体人民住有所居，是党的十九大报告提出的明确要求。要按照供给侧结构性改革的思路，完善住房供给和保障体系，有效调整供给结构。

4.2.2 建筑装饰装修标准调整对瓷砖粘贴行业的影响分析

近年来，我国的建筑装饰装修工程已经成为一大重要经济产业，新技术、新工艺、新产品不断推陈出新，特别是绿色建筑、装配式建筑的快速发展，作为建筑装饰装修工程的法规性质量验收标准，老标准《建筑装饰装修工程质量验收规范》（GB 50210—2001）已经不能满足现在行业需求。经过分析研究建筑装饰装修工程在设计、材料、施工等方面的技术需求和专业特点，根据相关政策、法规和行业发展需要，参考了部分国外先进标准，制定了《建筑装饰装修工程质量验收标准》（GB 50210—2018）新国标，经国家住房和城乡建设部审核批准，于 2018 年 9 月 1 日起正式实施。

建筑装饰装修行业标准调整对瓷砖粘贴行业的影响主要体现在：

（1）随着生活水平和对环境质量要求的不断提高，人们对建筑装饰材料提出了更高的要求。新标准在抹灰工程、外墙防水工程、门窗工程、吊顶工程、轻质隔墙工程、饰面板工程、饰面砖工程、幕墙工程、涂饰工程、裱糊与软包工程、细部工程中对有可能严重污染室内环境的装饰装修材料明确提出了材料有害物质释放量复验要求，与国家标准《民用建筑工程室内环境污染控制规范（2013 年版）》（GB50325—2010）无缝对接，使绿色建筑落在实处，有效保证了人们工作、居住环境健康安全。装饰装修材料逐步向美观化、智能化、环保化、健康化的方向发展。

（2）新标准摈弃了过去现场配制水泥砂浆污染环境的落后工艺，要求所有装饰装修材料均为工厂化产品，禁止现场搅拌砂浆是提高散装水泥消费量的一项重要措施，是促进文明施工的重要手段。禁止现场搅拌砂浆限制了传统水泥砂浆的发展，为瓷砖粘结剂在国内市场的发展起到推动作用，为绿色建材、绿色施工、装配式施工保驾护航。

（3）新标准增加了外墙防水工程验收要求，改善了外墙大量渗漏水严重影响正常使用无处管的局面，为有效解决外墙渗漏水难题创造了条件。瓷砖粘结剂在外墙瓷砖铺贴中，与传统水泥砂浆相比，不仅粘贴效果较好，产品相对环保，且防水性能良好，被广泛应用于厨房、卫生间等潮湿地点的瓷砖铺贴等。建筑外墙防水验收标准的要求，对瓷砖粘结剂的发展起到推动作用。瓷砖粘结剂的应用能够有效加强外墙防水功能，保证了建筑工程质量，提供安全环保的保障。

（4）新标准要求建材产品全部采用工厂化预制生产，装配式安装后免去现场施工的绿色环保工法。对于瓷砖粘结剂等绿色环保建材来说是重要利好消息，有助于瓷砖粘结剂在装饰装修中的推广与应用。通过新标准的整合，能够引领装饰装修行业进一步规范发展，更好地服务于住宅全装修和精装修的装配式建筑工程质量验收。

4.2.3　VOC 法规对瓷砖粘贴行业的影响分析

大气污染防治既是重大的民生问题，也是经济升级的重要抓手。我国日益突出的大气污染问题是长期累积形成的。治理好大气污染是一项复杂的系统工程，需要付出长期坚持不懈的努力。当前必须突出重点、分类指导、多管齐下、科学施策，把调整优化结构、强化创新驱动和保护环境生态结合起来，用硬措施完成硬任务，确保防治工作早见成效，促进改善民生，培育新的经济增长点。近年来，我国部分地区酸雨、雾霾和光化学烟雾等区域性大气污染问题日益突出，解决大气污染问题已迫在眉睫。

2016 年以来，我国大气污染防治攻关联合中心和“2 + 26”城市持续开展重污染成因分析工作，并为地方“一厂一策”应急减排措施落实提供技术指导。逐步提高有色金属、焦化煤气、化肥、电解铝、水泥工业等高 VOC 排放建设项目的环保准入门槛，实行严格的控制措施。其中国家重点关注的高 VOC 排放行业中，与瓷砖粘结剂最为相关的是水泥工业，水泥行业 VOC 法规政策直接影响瓷砖粘贴行业企业的发展。

为贯彻《中华人民共和国大气污染防治法》，控制水泥工业的大气污染物排放，促进水泥工业产业结构调整，我国制定了《水泥工业大气污染物排放标准》。《标准》充分贯彻落实国务院《大气污染防治行动计划》的要求，旨在通过制定、修订重点行业排放标准，“倒逼”产业转型升级，把排放标准作为控制污染、减排总量、调整结构、优化布局的重要抓手。新标准设立了更高的行业环境壁垒，助推水泥行业的去产能。落后的生产线一般拥有较高的制造成本和较低的吨毛利，新标准的实施客观上加速了落后产能的退出进程，设定了水泥产能最低生存门槛。

2018 年，随着国家环境保护税的正式开征，我国环保政策持续加码。受此影响，瓷砖粘贴行业绿色制造转型进一步加强。现有部分水泥生产线的环保设施难以达到新排放标准要求，升级改造费用巨大。

水泥工业大气污染物排放标准，是国家倡导发展绿色建材，推广应用散装水泥、预拌混凝土、预拌砂浆的重要手段，促进了瓷砖粘结剂生产企业转型升级，对瓷砖粘结剂产品的推广具有积极作用。

近年来，全国多个地区发布限排政策，明确了水泥工业大气污染物排放限值。具体排放标准见表 4-4。

表 4-4　水泥工业大气污染物排放标准汇总

发布时间	标准编号	标准名称	标准分类
2013 年	GB 4915—2013	《水泥工业大气污染物排放标准》	国家标准（新修订）
2010 年	DB 44/8184—2010	《水泥工业大气污染物排放标准》	地方标准（广东）
2013 年	DB 11/1054—2013	《水泥工业大气污染物排放标准》	地方标准（北京）
2013 年	DB 35/1311—2013	《水泥工业大气污染物排放标准》	地方标准（福建）
2014 年	DB 52/893—2014	《水泥工业大气污染物排放标准》	地方标准（贵州）

资料：

一、国家标准

《水泥工业大气污染物排放标准》（GB 4915—2013）（一般地区企业执行表 4-5 的大气污染物排放限值，重点地区企业执行表 4-6 特别排放限值）

表 4-5　现有与新建企业大气污染排放限值（单位：mg/m^3）

生产过程	生产设备	颗粒物	二氧化硫	氮氧化物（以 NO_2 计）	氟化物（以总 F 计）	汞及其化合物	氨
水泥制造	水泥窑及窑尾余热利用系统	30	200	400	5	0.05	10
	烘干机、烘干磨、煤磨及冷却机	30	600	400	—	—	—
	破碎机、磨机、包装机及其他通风生产设备	20	—	—	—	—	—
散装水泥中转站及水泥制品生产	水泥仓及其他通风生产设备	20	—	—	—	—	—

表4-6 大气污染特别排放限值（单位：mg/m^3）

生产过程	生产设备	颗粒物	二氧化硫	氮氧化物（以 NO_2 计）	氟化物（以总F计）	汞及其化合物	氨
水泥制造	水泥窑及窑尾余热利用系统	20	100	320	3	0.05	8
	烘干机、烘干磨、煤磨及冷却机	20	400	300	—	—	—
	破碎机、磨机、包装机及其他通风生产设备	10	—	—	—	—	—
散装水泥中转站及水泥制品生产	水泥仓及其他通风生产设备	10	—	—	—	—	—

二、地区标准

（1）广东省《水泥工业大气污染物排放标准》（DB 44/8184—2010）（表4-7）

表4-7 广东水泥企业排放限值（单位：mg/m^3）

生产过程	生产设备	颗粒物	二氧化硫	氮氧化物（以 NO_2 计）	氟化物（以总F计）
水泥制造	水泥窑及窑尾余热利用系统	30	100	550	3
	烘干机、烘干磨、煤磨及冷却机	30	600	400	—
	破碎机、磨机、包装机及其他通风生产设备	30	—	—	—
散装水泥中转站及水泥制品生产	水泥仓及其他通风生产设备	30	—	—	—

（2）北京市《水泥工业大气污染物排放标准》（DB 11/1054—2013）（表4-8）

表 4-8 北京大气污染物最高排放浓度（单位：mg/m^3）

生产过程	生产设备	颗粒物	二氧化硫	氮氧化物（以 NO_2 计）	氟化物（以总 F 计）	汞及其化合物	氨
水泥制造	水泥窑及窑尾余热利用系统	20	20	200	2	0.05	5
	烘干机、烘干磨、煤磨及冷却机	20	—	—	—	—	—
	破碎机、磨机、包装机及其他通风生产设备	10	—	—	—	—	—
散装水泥中转站及水泥制品生产	水泥仓及其他通风生产设备	10	—	—	—	—	—

（3）福建省《水泥工业大气污染物排放标准》（DB 35/1311—2013）（表 4-9）

表 4-9 福建水泥企业污染物排放限值（单位：mg/m^3）

生产过程	生产设备	颗粒物	二氧化硫	氮氧化物（以 NO_2 计）	氟化物（以总 F 计）	氨
水泥制造	水泥窑及窑尾余热利用系统	30	100	400	5	8
	烘干机、烘干磨、煤磨及冷却机	30	—	—	—	—
	破碎机、磨机、包装机及其他通风生产设备	20	—	—	—	—
水泥制品生产	水泥仓及其他通风生产设备	20	—	—	—	—
散装水泥中转站及水泥制品生产	水泥仓及其他通风生产设备	20	—	—	—	—

（4）贵州省《水泥工业大气污染物排放标准》（DB 35/1311—2013）（一般企业执行表 4-10 的大气污染物排放限值，重点地区企业执行表 4-11 特别排放限值。）

表 4-10　现有及新建企业排放限值（单位：mg/m^3）

生产过程	生产设备	颗粒物	氮氧化硫	二氧化物（以 NO_2 计）	氟化物（以总 F 计）
水泥制造	水泥窑及窑尾余热利用系统	50	200	400	5
	烘干机、烘干磨、煤磨及冷却机	50	—	—	—
	破碎机、磨机、包装机及其他通风生产设备	30	—	—	—
水泥制品生产	水泥仓及其他通风生产设备	30	—	—	—

表 4-11　大气污染特别排放限值（单位：mg/m^3）

生产过程	生产设备	颗粒物	二氧化硫	氮氧化物（以 NO_2 计）	氟化物（以总 F 计）	汞及其化合物	氨
水泥制造	水泥窑及窑尾余热利用系统	20	100	220	3	0.05	8
	烘干机、烘干磨、煤磨及冷却机	20	—	300	—	—	—
	破碎机、磨机、包装机及其他通风生产设备	10	—	—	—	—	—
散装水泥中转站及水泥制品生产	水泥仓及其他通风生产设备	10	—	—	—	—	—

4.3　市场事件影响分析

4.3.1　精装修模式对瓷砖粘结剂应用的影响分析（工程渠道）

2014 年以来，全国各地精装修政策陆续出台，房地产精装市场逐渐进入平稳有序的发展阶段。在当前政策及市场环境下，精装修已成为房地产下游产业的新蓝海。

面对精装修政策的出台，房地产开发企业反应不一，精装修政策更加利好大型房地产开发企业，对中小房地产开发企业则是一项巨大挑战。大型标杆房地产开发企业，如万科、中海、恒大、龙湖、绿城等一直有精装修的产品和部门，在精装修的项目管理、设计施工等方面建立了标准化的体系和方法，对精装修的采购和供应商管理方面较为成熟。而中小房地产开发企业在精装修政策下，存在人才缺乏、流程复杂、施工技术要点多、供应商众多、施工监理细致、验收交楼等诸多问题，为此精装修产品的标准化和流程化对于众多中小房地产开发企业无疑是一项重大挑战。

从政府角度来说，精装房是国家倡导绿色建筑的发展趋势。精装房整合了房地产、装修、建材、监理、运输等各个环节，达到资源的合理配置与优化。现代社会生活节奏较快，精装房的推动可以省去购房者装修的诸多繁琐环节，节省了购房者的装修时间成本。国家推行的精装房和装配式建筑，促进了建材行业的进一步发展。

“精装修”政策汇总见表 4-12 所示。

表 4-12 “精装修”政策汇总

地区	发布时间	标准名称	发布单位
国家	2016 年 9 月	《关于大力发展装配式建筑的指导意见》（国办发〔2016〕71 号）	国务院
国家	2017 年 3 月	《“十三五”装配式建筑行动方案》（建科〔2017〕77 号）	住建部
国家	2017 年 4 月	《建筑业发展“十三五”规划》	住建部
江苏	2014 年 10 月	《关于加快推进建筑产业现代化促进建筑产业转型升级的意见》	江苏省人民政府
北京	2015 年 10 月	《关于在本市保障性住房中实施全装修成品交房有关意见的通知》	北京市人民政府
山东	2016 年 5 月	《关于切实加强和改进城市规划建设管理工作的实施意见》	山东省委办公厅
河南	2016 年 6 月	《关于加强城市规划建设管理工作的意见》	河南省人民政府
上海	2016 年 8 月	《关于进一步加强本市新建全装修住宅建设管理的通知》	住房和城乡 建设管理委员
浙江	2016 年 10 月	《关于加快推进住宅全装修工作的指导意见》	浙江省人民政府

续表

地区	发布时间	标准名称	发布单位
海南	2016 年 12 月	《关于继续落实“两个暂停”政策进一步促进房地产市场健康发展的通知》	海南省人民政府
湖北	2017 年 4 月	《关于促进全省建筑业改革发展二十条意见》	湖北省人民政府

目前在一线发达城市，精装修成品房已占到市场的 80% 以上，不少大中城市也在不断提高成品房的比例。精装房是一个社会化的产物，改变了交房的标准，在住宅产业化发展的大潮中，其先进性毋庸置疑。

（一）精装修对于瓷砖粘贴行业产生的积极影响

（1）精装房政策的推行实施，对于建材企业来说，需求是从分散到集中的方向发展，能否与房地产商达成合作，对于企业的发展影响较大。未来精装房政策的实施，将促进房地产行业、装饰装修行业、建材企业之间产生“共生”的服务模式。

（2）随着传统水泥砂浆价格上涨及绿色建材的进一步推进，瓷砖粘结剂对于房地产开发商而言，产品接受程度会越来越高，通过与房地产开发商采取战略合作的模式，将加大瓷砖粘结剂产品的市场推广和应用，未来发展可期。

（二）精装修对于瓷砖粘贴行业产生的消极影响

（1）北京、江苏、上海、浙江、湖北等多个城市陆续出台精装修政策，对于瓷砖粘贴行业而言，特别是以家装零售为主的瓷砖粘结剂生产企业，短时间内可能会失去部分市场，必然促使瓷砖粘结剂生产企业加大对工程渠道的重视程度，改变传统销售及服务模式，企业经营成本增加。

（2）随着精装服务模式的推进，对于建材产品的需求主要集中在房地产开发商手中，需求集中必然导致瓷砖粘结剂生产企业竞争更加激烈，对于行业内无竞争能力的中小型生产企业势必退出市场，行业格局将发生变化。

（3）精装修政策促使瓷砖粘结剂等建材辅料产品市场需求更加集中。对于房地产开发企业来说，需求集中造成对产品的议价能力也更强，对于瓷砖粘结剂生产企业来说，产品利润可能会有所降低。

资料：

（一）国家政策

2017 年 3 月 23 日，住建部发布的《“十三五”装配式建筑行动方案》中，明确要求到 2020 年，全国装配式建筑占新建建筑的比例达到 15% 以上，其中重点推进地区达到 20% 以上，积极推进地区达到 15% 以上，鼓励推进地区达到 10% 以上。鼓励各地制定更高的发展目标。建立健全装配式建筑政策体系、规划体系、标准体系、技术体系、产品体系和监管体系，形成一批装配式建筑设计、施工、部品部件规模化生产企业和工程总承包企业，形成装配式建筑专业化队伍，全面提升装配式建筑质量、效益和品质，实现装配式建筑全面发展。到 2020 年，培育 50 个以上装配式建筑示范城市，200 个以上装配式建筑产业基地，500 个以上装配式建筑示范工程，建设 30 个以上装配式建筑科技创新基地，充分发挥示范引领和带动作用。

2017 年 4 月 26 日，住建部印发《建筑业发展“十三五”规划》，提出：到 2020 年，城镇新建民用建筑全部达到节能标准要求。城镇绿色建筑占新建建筑比重达到 50%，新开工全装修成品住宅面积达到 30%，绿色建材应用比例达到 40%。

（二）地区政策

江苏：2014 年 10 月 31 日，江苏省政府也在发布的《关于加快推进建筑产业现代化促进建筑产业转型升级的意见》中，提出“到 2025 年江苏将有一半以上新房以成品房交付”。而且，在江苏购买成品房即精装修房，消费者将享受到契税和贷款优惠。

北京：《关于在本市保障性住房中实施全装修成品交房有关意见的通知》指出，自 2015 年 10 月 31 日起，凡新纳入北京市保障性住房年度建设计划的项目（含自住型商品房）全面推行全装修成品交房。

山东：2016 年 6 月 14 日，山东省政府新闻办召开新闻发布会，会上对《关于切实加强和改进城市规划建设管理工作的实施意见》进行了解读，政策指出今后新建（改建、扩建）建筑工程将按不低于地震烈度 7 度进行抗震设防。2017 年设区城市新建高层住宅实行全装修，2018 年新建高层、小高层住宅淘汰毛坯房，实行精装修，让人民群众住上安心房。

河南：2016 年 6 月 29 日，河南省人民政府发布《关于加强城市规划建设管理工作的意见》，明确郑州航空港区、郑东新区新建商品住宅 2016 年起告别毛坯房，到 2020 年全省新建商品住宅基本实现无毛坯房。

上海：2016 年 8 月 18 日，上海市住建委提出从 2017 年 1 月 1 日起，凡出让的本市新建商品房建设用地，全装修住宅面积占新建商品住宅面积（三层及以下的低层住宅除外）的比例为：外环线以内的城区应达到 100%，除奉贤区、金山区、崇明区之外，其他地区应达到 50%。奉贤区、金山区、崇明区实施全装修的比例为 30%，至 2020 年应达到 50%。本市保障性住房中，公共租赁住房（含集中新建和商品住房中配建）的全装修比例为 100%。

浙江：2016 年 9 月 10 日，浙江省人民政府办公厅印发《关于推进绿色建筑和建筑工业化发展的实施意见》，意见提出从 2016 年 10 月 1 日起，全省各市、县中心城区出让或划拨土地上的新建住宅，全部实行全装修和成品交付，鼓励在建住宅积极实施全装修。2016 年浙江全省新建装配式建筑面积达到 800 万平方米以上，其中装配式住宅和公共建筑（不含场馆建筑）面积达到 300 万平方米以上；2017 年 1 月 1 日起，杭州市、宁波市和绍兴市中心城区出让或划拨土地上的新建项目，全部实施装配式建造；到 2020 年，实现装配式建筑占新建建筑比例达到 30%。

海南：2016 年 12 月 7 日，海南省人民政府发布《关于继续落实“两个暂停”政策进一步促进房地产市场健康发展的通知》，通知指出，从 2017 年 7 月 1 日起，各市县商品住宅项目要全部实行全装修。

湖北：2017 年 4 月 13 日，湖北省人民政府发布《关于促进全省建筑业改革发展二十条意见》，其中第 4 点“深化建造方式改革”中提出：从 2018 年 10 月 1 日起，全省政府投资工程项目满足装配式建筑技术条件的，50% 以上项目采用装配式建造方式。2019 年 1 月 1 日起，全省各城市新建商品住宅中，全面推行一体化装修技术。

4.3.2　全屋整装服务模式对瓷砖粘结剂应用的影响分析（零售渠道）

房屋装修对于购房者来说是一项大工程，传统家装工作由于耗时较长，装修程序复杂，装修工人技术有限，致使传统家装面临着转型或逐步退出市场的局面。全屋整装服务模式的诞生，为终端业主提供了一种差异化的装修选择。

随着互联网行业的发展，终端业主对家装建材的要求也越来越高，传统的装修材料已无法满足现有市场需求。健康及环保意识的不断增强，终端业主对新型建筑装修材料也有了更高要求。未来，绿色、环保、质量优、持久耐用、美观时尚等装修建材将受到终端业主的青睐。全屋整装公司为满足现有市场需求，装修时采用新型建材和新的铺装技术，以解决传统建材铺装效果差、高低错落、缝隙宽大等问题，新产品、新技术的选择更加符合现代装修场所的实际铺装要求。

调查研究发现，现有多数终端业主会选择“全屋整装”的家装公司，家装行业市场需求的变化，使这一趋势更加凸显。建材制造企业必须跳出传统思维，培养跨界创新能力，以顺应“全屋整装”的大趋势。目前瓷砖粘结剂厂商如立邦、德高等，转变传统业务模式，不再单一销售产品而是为客户提供“产品 + 服务”的业务模式。瓷砖粘结剂厂商“产品 + 服务”的业务模式，符合国家对建材行业的政策导向，同时瓷砖粘结剂作为新型建材产品，又是国家倡导的绿色环保产品。有效解决了传统建材甲醛、苯等有害物质超标、放射性严重等问题。

全屋整装服务模式下，全国及大型连锁装修公司市场地位更加凸出，同时全国及大型连锁装修公司对于瓷砖粘结剂也较为认可，愿意通过战略合作或品牌代理模式与瓷砖粘结剂厂商达成合作，一方面瓷砖粘结剂产品较为环保、施工便捷、质量有保障；另一方面它能有效提升自身的品牌知名度。

随着全屋整装服务模式的发展，未来家装建材市场将逐渐走向品牌化、大众化、智能化。瓷砖粘结剂作为新型的绿色建材产品，将迎合行业发展趋势，得到广泛的推广和应用。同时瓷砖粘结剂厂商必须进行产品技术革新，以顺应行业发展需求，开发出更多绿色、无尘的环保型产品。

4.3.3 互联网家装对瓷砖粘结剂应用的影响分析

国家成品房交付政策的实施，导致毛坯房装修大大减少，给家装行业的发展带来较大挑战。传统装修公司面临客源减少、营收下降的风险，为家装行业的互联网化进程提供了机会。通过互联网平台，整合线上、线下资源，缩短了产业链，提升了装修效率；消费者通过互联网平台能够得到专业的现场测量服务、标准化的设计方案，直接购买装饰装修材料，节省了时间成本，可以得到更好的服务体验。

成品房的比例越来越高，势必加速上下游产业链的整合。对家装行业的规范化要求将更加严格。家装行业运营方式、服务方式的改变，促使“作坊式”家装公司快速退出市场，家装行业面临重新洗牌。

在去中间化、价格低、一站式采购、下单方便、工期较短、资金监管有保障等营销攻势下，多数终端业主的选择天平逐渐倾向互联网家装。互联网平台对整个家装行业起到优化作用，降低了家装成本，提升了服务效率，为终端业主提供了全新的装修选择渠道。

随着互联网的发展，用户消费行为的转变，互联网家装进程逐步加快。互联网家装从最初的为用户提供装修资讯、设计图案等信息服务，逐步走向设计报价、建材家居装饰电商、第三方监理和施工、装修款在线支付和装修贷款等一站式家装服务模式。在互联网时代，电子商务平台可为在线订购家装的用户提供标准化的产品及服务、更高的价格透明度和更优质的用户体验。创新性的互联网家装业务模式，绕过中间商，缩短了供应链，使电子商务平台比传统线下通路更具价格优势。

精装房及装配式建筑的发展，改变了房地产开发商传统的销售和合作模式，更愿意和有实力的装修公司及品牌建材商合作。全国性大型房地产开发商更愿意和全国及大型连锁装修公司合作，这将打破装修行业格局，有利于家装行业集中度的大幅提升。全国及大型连锁装修公司对瓷砖粘结剂产品认可度较高，更愿意与瓷砖粘结剂厂商达成合作。这将促使互联网家装、建材行业和房地产开发商建立起“共生”的业务发展模式。

（一）互联网家装对瓷砖粘贴行业的积极影响

（1）互联网家装新概念的推动，利用互联网平台将零散用户聚集起来，聚集能力较强，对于瓷砖粘结剂产品的推动具有积极作用。同时互联网家装公司服务范围广，对瓷砖粘结剂厂商的品牌宣传推广也有一定的提升。

（2）瓷砖粘结剂厂商直接与互联网家装公司合作，去中间环节对于瓷砖粘结剂厂商和互联网家装公司而言利润都会有所提升，同时消费者也将得到实惠，产品应用将得到发展。

（二）互联网家装对瓷砖粘贴行业的消极影响

（1）互联网家装通过平台开展业务，终端业主的装修款直接在线支付，如果互联网监管存在缺失，可能会产生一定风险。对于瓷砖粘结剂厂商来说，资金到位可能较慢。

（2）互联网家装通过第三方监理和施工，可能存在施工监理不到位情况，如果由于施工不当，导致瓷砖脱落，将影响瓷砖粘结剂在消费者心中的形象及市场应用，对瓷砖粘结剂的品牌也将产生负面影响。

第5章　行业政策及展望

5.1　行业政策及经济环境展望

一、行业经济环境及展望

2018年是党的十九大闭幕后的第一年，是开启建设具有中国特色社会主义强国新历史时期的元年，中国进入由富变强的新发展历程。以创新、协调、绿色、开放、共享的发展理念，统筹推进经济建设、政治建设、文化建设、社会建设、生态文明建设持续发展。各行业在这一大背景下，也将进入发展的新阶段。党的十九大明确了决胜全面建成小康社会和开启全面建设社会主义现代化国家新征程的路线图和时间表，开启了由“数量追赶”转向“质量追赶”阶段的历史进程，增强了全社会推动经济持续健康发展的信心，有效改善了市场预期。

2018年，我国的全国零售额有望与美国持平或赶超，成为全球最大的消费市场。经济结构将发生重大变革，为高质量发展打开空间。2013—2017年最终消费对经济增长的贡献率年均为56.2%，高于资本形成12.4个百分点。与需求端变化相适应，供给端服务业占比提高，2017年服务业占国内生产总值比重比2012年提高6.3个百分点，2013—2017年服务业对经济增长的贡献率年均为52.8%，高于第二产业10.2个百分点。国内市场扩容、消费贡献上升、服务业占比提高，将有效增强经济运行的稳定性，为高质量发展创造基础条件。

随着居民收入水平提高和中等收入群体扩大，居民对商品和服务的品质、质量要求明显提升。居民消费结构加快升级，为高质量发展提供市场驱动力。千禧一代、互联网一代更加追求个性化消费。2017年中国恩格尔系数降至29.3%，达到联合国划分的20%～30%的富足标准，旅游、养老、教育、医疗等服务需求快速增长。居民消费结构向高端化、个性化、服务化方向升级，对高质量发展形成强大的市场推动力。

根据世界知识产权组织发布的《2017年全球创新指数报告》，中国创新指数世界排名升至第22位，比2013年提升了13位，成为前25名中唯一的非高收入经济体。中国科技创新进入活跃期，为高质量发展提供技术支撑。在战略高技术领域取得重大突破，正在从跟跑为主转向跟跑、并跑和领跑并存。新技术加速向各领域扩散，移动支付、电子商务、平台经济、无人零售、共享单车、新能源汽车等跻身世界前列，推动产业和区域发展质量水平整体跃升，增强了高质量发展的技术基础。

2016年中国义务教育全面普及，高中阶段教育基本普及，高等教育在校总规模达3700万人，毛入学率达到42.7%。各级各类教育规模均居世界第一位，入学率达到或超过中高收入国家平均水平。高素质人才培养集聚、人力资本不断积累，正在成为推动高质量发展的战略性条件。人力资本大幅提升，为高质量发展提供战略性保障。

截至2017年年底，全国铁路运营里程达到12.7万千米，其中高铁通车里程2.5万千米以上；公路通车总里程477万千米，其中高速公路总里程突破13.6万千米。城市轨道交通运营里程、沿海港口万吨级及以上泊位数量跃居世界第一。互联网上网人数超过7.5亿人，已经相当于欧洲人口总量。基础设施网络化水平提高，促进要素自由流动和统一市场建设，为高质量发展创造支撑条件。

2018年中国将进一步推进改革开放，为高质量发展提供体制保障。中国经济发展和居民生活的大幅改善，靠的就是改革开放，“改革开放是决定当代中国命运的关键一招”已成为全社会共识。2018年是改革开放40周年，将进一步激发全社会全面深化改革的决心，推进重大领域和关键环节改革，加强产权特别是知识产权保护，扩大服务业特别是金融业对外开放。改革开放不断深化，将有效提高资源配置效率，在体制上为高质量发展提供保障。

2017年社会消费品零售总额增长10.2%，增速比2016年回落0.2个百分点。受房地产市场调控影响，建材和家电等消费增速放缓，加之汽车市场扩张放慢，消费增长面临下行压力，但通信设备、智能化产品、个性化产品、网络消费等消费扩张将对冲部分下行压力。预计2018年社会消费品零售总额增长10%左右。需要指出的是，中国服务消费占居民消费的比重接近一半，仅仅用商品零售总额并不能反映消费增长的全貌。整体消费将保持相对稳定，服务消费比重继续提高，将成为消费稳定增长的重要力量。

2017年中国扭转了连续两年出口下降的局面，按人民币计价出口增长10.8%。随着基数提高，2018年出口增速提升难度增大。加之中美经贸关系受美国对华政策不确定性因素影响，以及人民币汇率升值的滞后效应，保持

10%左右的外贸出口增速面临压力。

2017 年固定资产投资增长 7.2%，比 2016 年回落 0.9 个百分点。房地产投资占全部固定资产投资 25%左右，随着新一轮房地产调控的影响逐步显现，房地产投资增速将在 2017 年 7%的水平上继续回落。基础设施投资占全部投资 20%~25%，受地方政府负债和投资能力制约，后续增势将高位回调。制造业投资占全部投资 33%左右，2017 年制造业投资增长 4.8%，比 2016 年回升 0.6 个百分点。从国际经验看，人均 GDP 达到 11000 国际元（购买力评价指标）后，制造业投资增速大体稳定在 5%左右的区间。中国已处在这个区间，制造业投资大幅回升的可能性不大。总体上看，2018 年固定资产投资增速将小幅回调。

二、建材行业影响趋势及展望

从整体上看，建材行业的发展仍然处于一个不平衡的阶段。从数据上呈现出来的繁荣看，其实主要贡献还是集中在少部分上游建材企业上，下游中小企业的发展相对疲弱，而且分布不够集中，销售渠道相对比较单一，企业的整体生产效益低下，在行业中的竞争力相对比较弱。因此，中小建材企业要想突破自身的发展瓶颈，实现自身竞争力的提升，产业的转型势在必行。随着建材行业自身的发展和所处经济、政策环境的不断变迁，以及新一代消费群体的崛起，市场的整体需求或随时发生变化，未来企业如何坚守已有市场高地或抢夺新的市场高地，都需要立足市场变化，在规避风险的同时，乘势而上。预测 2018 年建材行业发展，主要呈现以下特征：

（一）定制家具更加火爆

2017 年，定制家具是异常火爆的一年，定制家具在我国获得了较快的发展。有数据显示，定制家具在家具行业市场份额约为 20%，而发达国家早已超过 60%，这也充分说明定制家具在国内市场仍处于蓝海期。据不完全统计，截至 2017 年年底，定制家具市场的规模已越过 900 亿元。未来 4 年，定制家具行业的增速仍能维持 20%以上，2020 年行业规模将能达到 1666 亿元。当然，定制家具对企业要求是也全方位的，其中需要突破设计研发能力、品牌方面、信息化应用能力、销售服务网络、大规模柔性化定制能力等多个行业壁垒。

（二）环保性家居产品依旧备受青睐

近年来环保已然成为大家热议的话题，该话题也引发了消费者对环保家居的关注。研究表明：中国 53.8%的消费者在选购时很注重产品的环保性，特别是对于家居产品，更有 36%的消费者将环保作为首要标准。据不完全数据统计，在 2017 年上半年的家居销售情况中，环保型家居产品占有总销售额一半以上。可见，消费者格外注重家居环保性能，这为一些环保家居企业带来不少商机。同时也说明环保已经成为建材家居行业的消费主流，这一主流也将在2018 年延续。

（三）简约风格目前已是大势所趋

根据相关数据统计，消费者在家装产品材料及装修风格的选择上，更倾向于“简约风”。数据显示，北欧简约风成为当下消费者最喜爱的装修风格，清新田园、简约时尚、简约纯色成为最受欢迎的三种家纺风格，而且，纯棉、蚕丝材质等家纺产品和原木材质的家具更受欢迎。随着生活水平的提升和消费环境的变化，人们的审美理念也在发生改变，布局简洁、舒适宜人的简约风格成市场热宠。在此背景下，众多建材企业的经营思路也随之改变，开始从卖产品向卖生活方式转变，并更加重视设计的重要性。

（四）智能家居迅速普及

随着科技的发展，“智能”已经成为一种生活方式和社会潮流，和当年智能手机的普及一样，家居行业也开始注重用户需求并紧跟社会潮流，涉足智能家居的研发，这在为人们生活带来便利的同时，增加了企业在市场的竞争力。据了解，前几年智能家居欣然兴起，在进入 2017 年后，智能家居企业数量大幅增加。但从整体来看，中国家居行业的智能化和信息化建设推进比较缓慢，还有很长的路要走。同时也要保持乐观的心态看待事情，随着人工智能领域多项新技术逐渐成熟，开始应用到产业当中，未来还有不小的想象空间。

三、建筑装饰行业影响趋势及展望

建筑装饰行业的发展与国民经济发展水平密切相关，我国快速发展的宏观经济为建筑行业的发展提供了坚实的基础。近年来，受益于城镇化进程的推进，我国建筑装饰行业发展迅速、队伍数量、经营规模、管理水平和经济效益均得到了较快发展。同时，不可逆转的城市化进程为我国建筑装饰行业创造了持续的、巨大的市场需求，支撑着建筑装饰行业的持续高速发展。预测 2018 年建筑装饰行业发展，主要呈现以下特征：

（一）行业发展总趋势稳中有进

2017 年年底召开的中央经济工作会议确定的经济工作总方针仍然是稳中求进、稳中求好。要进一步深化供给侧结构性改革，向追求质量、效益、协调方向发展，保持政策的连续性，为整个国民经济发展指明了方向。党的十九大提出“把人民对幸福生活的需要作为我们的奋斗目标”，为与人民幸福生活息息相关的建筑装饰行业发展提供了坚实的理论基础。随着我国“五位一体”总布局的统筹推进，建筑装饰行业发展具有持续发展的市场空间，可以预测2018 年我国建筑装饰行业仍将保持平稳较快的发展态势。

2018 年我国房地产市场在中央房地产市场整治出重拳、下猛药、从严从重打击投机炒作行为，以及多主体供给、多渠道保障、租购并举等政策措施作用下，将进一步向“房子是用来住的，不是用来炒的”理性目标回归。在金融政策收紧、市场价格平稳、调控政策精准等多种因素的支持下，将推动房地产市场健康、有序发展。随着租购共权、共有产权、农村土地建设租赁房、农村宅基地政策调整，直接向大用户供地等政策的进一步落实，住宅开发建设的结构、品类、模式等都将发生较大变化，对建筑装饰行业的发展将提供新的发展空间。预计 2018 年住宅精装修成品房工程量、既有住宅改造性装饰装修工程量等都将保持较快的增长。

2018 年我国供给侧结构性改革将进入全方位、多领域、深层次发展的新阶段。经济结构的优化、新兴产业、新业态、新科技的发展以及传统行业的改造与转型升级等，都需要通过建筑装饰装修工程的实施来实现。供给侧结构性改革产生的建筑物功能调整的需求，给建筑装饰行业各个专业细分市场带来新的发展空间。在新的城市功能修补、生态修复、风貌恢复的城市建设方针指导下，建筑物改造性装饰装修的作用更为突出，建筑装饰装修工程量还将持续增长。预计 2018 年，城市内既有建筑的改造性装饰装修、街区环境综合治理、建筑节能减排工程等将保持较快的增长。

在建设中国特色的社会主义现代化强国的历程中，区域协调发展战略的实施，为建筑装饰行业发展提供新的市场空间。以雄安新区建设为重点的京津冀协调发展、以长江经济带建设为重点的长三角地区协调发展、以粤港澳为重点的珠江三角洲协调发展，都将成为拉动我国经济增长的重要引擎。在城市精准定位、功能转移、产业优化、服务升级的过程中，各种惠民生的建筑装饰装修工程将会大量增加，建设的规模和质量也会提高。可以预见，在未来发展的新战略区域建设中，建筑装饰行业还将获得更大的发展新空间。

在实现伟大中国梦过程中，乡村振兴战略对建筑装饰行业发展有着重要影响作用。无论是乡村产业结构优化带动的产业兴旺，人口结构与农民收入结构调整拉动的生活富裕，还是环境综合治理实现生态宜居及文化进步，公共服务硬件与软件提升的乡风文明，都离不开建筑装饰行业的参与和奉献。在以县域经济发展为主体、基层政府为主要主导力量的乡村振兴战略实施过程中，建筑装饰装修工程企业与县、乡、村的联系与沟通更加密切，发挥的作用也更为明显。深入研究农村建筑装饰市场的特点、技术要求、文化特色和乡风乡俗，积极开拓农村专业装饰装修工程市场，建筑装饰行业将会获得新的发展空间。

（二）企业发展环境将会进一步调整

2018 年我国改革开放将出现新格局。其中以发挥市场在资源配置中的决定性作用为目标的经济体制与机制的改革，将进一步深化，使整体市场环境进一步宽松。政府职能转换带动的行政许可项目的减少和手续的简化，将进一步发挥出企业的自主经营的积极性，激发企业的活力。随着对建筑市场的监管由事前管制转为事中监督和事后评判后，市场中资源分配的行政壁垒将不断弱化，市场的活力也会得到更大的释放。

在今后相当长的时间内，建筑装饰企业在市场中的弱势群体地位不会有根本性改变。但对于少数经营实力雄厚，特别是融资能力强、具有自主知识产权的专业技术优势、在社会上口碑好、知名度高的企业，在专业市场中话语权、定价权会不断提高。登陆资本市场，提升企业的资本实力，多元化方式参与市场竞争，提升企业在工程资源分配中的主动性，相对转换企业的市场地位，将是业内大企业的重要发展方向。具有专业化技术优势的企业，在市场竞争中不仅具有较强的优势，同时其市场中的地位也因为具有一定的主动权而优于其他企业。企业在新的市场环境中生存与发展，企业的市场定位、经营策略、创新的方向、战役与战术的组织等规划性、计划性工作，决定了企业的发展品质。

2018 年，建筑装饰行业在供给侧结构性改革中，继续面临着淘汰落后产能，提高社会供给质量水平的艰巨任务。通过市场机制淘汰陈旧落后的建筑装饰装修工程实施技术，为设计创作、技术换代、业态创新、产业升级提供发展空间，将是今后行业发展的重点工作。加大建筑装饰装修工程设计的原创性，提高文化、艺术水平；加大技术创新力度，提高施工技术的科学化、规范化水平；加大产品、材料创新，推广应用智能化、环保安全产品，提高装饰装修工程的科技、文化、艺术含量，满足社会对中高档建筑装饰装修工程需求，将是建筑装饰行业今后发展的重要途径。

2018 年，建筑装饰行业的企业结构还将进一步优化。市场的自主水平的提高，更有利于大型企业、专业化优势企业、质量品质优良企业的发展，形成业内企业发展的极大差异性。将进一步发挥大型优势企业在行业公约、行业技术标准行业技术发展、业态创新等方面的表率作用，提高其在行业内的话语权和引领示范作用，推动行业产业化主体的发育、成长。要根据不同企业的不同发展阶段和具体状态，加强对行业内企业的分类指导，加大企业自我发展的能力，在优化企业结构中推动行业的产业化进程。

（三）创新发展动力进一步强化

2018 年创新型国家建设将持续发展。建筑装饰行业作为一个传统的劳动密集型行业，科技、管理创新的空间很大、紧迫性极强，以全面顺应国家创新推动发展战略的要求。以提高建筑装饰装修工程质量和各类资源利用效率为导向的创新，是建筑装饰行业科技、管理创新的主要内容，也是今后相当长一段时间内开展创新的主要方向。

在国家科教兴国发展战略推动下，我国科技创新成果数量快速增长，为改造升级传统产业提供了坚实的技术基础。互联网、物联网、3D 打印、移动终端、数字化、智能化等新技术普及应用，为建筑装饰行业设计、施工组织管理手段的技术装备升级换代提供了技术支撑，提高了企业管理及工程项目管理的效率。

由技术装备升级换代，推动企业业态创新、管理手段创新，提升了建筑装饰行业内企业管理创新的水平。

建筑装饰行业作为实体经济的一个组成部分，在供给侧结构性改革中，将建筑装饰装修工程质量提高到中高档水平是一项最重要的工作任务。建筑装饰装修工程质量形成的关键是施工技术的水平，而决定施工技术优劣的是工法、工艺的技术成熟水平。提升建筑装饰装修工程质量的关键是技术细节的处置水平，也就是子项工程的施工工艺。以工艺的创新提高建筑装饰装修工程质量，带动专业机具的研发与推广，完善工程的材料、部品体系，将是建筑装饰行业内企业的主要创新途径。

加强建筑装饰装修工程设计的文化、艺术含量，也是建筑装饰企业创新的一个重要的组成部分。在加强中华民族文化自信，特别是我国建筑文化自信的基础上，把我国建筑装饰装修工程设计提升到新的水平，发挥出设计的“龙头”作用，是行业社会供给迈向中高端的重要工作任务。强化对我国软实力的认知水平，秉承“民族的就是世界的”理念，把更多的中国文化、艺术的元素用于文化创意、理念创新、设计创作，提高建筑装饰装修工程设计的文化、艺术、科技含量，是设计创新的根本目的和重要手段，也为建筑装饰行业的材料、部品、部件的技术创新提供了巨大的新发展空间。

为了减少环境污染和资源的浪费，提高物质资源的利用效率，与建筑装饰装修工程配套的材料、饰件等创新也极为重要。要以提高装饰装修工程质量、施工效率水平为导向，推动建筑装饰装修工程企业和材料、部品制造厂商合作，在装饰装修工程中应用材料的成品化、环保安全性、可循环性及易操作性等方面进行技术创新、产品创新，推动建筑装饰装修工程的质量、工期、成本的优化。继续研发和推广应用节材产品与技术、名贵材料替代产品与技术、部品修复技术等适应生态文明建设和资源节约型社会建设要求的产品与技术，也是建筑装饰行业创新的一个重要组成部分。

要继续创新和完善建筑装饰行业内企业的体制机制，推动创新的持续发展；要充分理解企业家精神的内涵，提升企业家对科技创新的认知水平和投入力度；要大力弘扬工匠精神，崇尚劳动光荣、精益求精的作风和理念；要充分利用国家鼓励创新的政策安排，拓展企业科技创新的资源支持；要完善企业内部科技创新的工作机构和制度体系，形成规范化的工作机制；要充分调动企业掌控资源的积极性，进行统筹安排、集中力量开展创新活动。

（四）国际工程市场快速增长

2018 年我国的国际地位将会进一步提升，中国声音、中国方案，越来越得到全球的认同，我国正稳步走向国际舞台的中央，为建筑装饰行业内企业“走出去”，参与国际产能合作，开拓国际工程市场创造了良好的国际氛围。我国建筑装饰装修工程企业近几年经营国际工程取得的经验和成果，为进一步开拓国际工程市场提供了坚实的物质、技术基础。

由中国提出的“共建人类命运共同体”发展理念，已经得到国际上越来越多的国家及组织认同，并已经成为联合国的常用词汇。我国“亲诚惠容”的周边外交理念和扎实有力的外交活动，为我国社会经济发展打下坚实的国际基础。加上日益增强的综合国力，使我国的朋友遍天下，特别是在欠发达国家。中国历史性成就、历史性变革的发展模式、道路、经验已经成为这些国家的示范和榜样。中国国际地位的提升，为我国建筑装饰企业“走出去”奠定了稳固的社会基础。

2018 年是中国改革开放的 40 周年。经过 40 年的高速发展，我国已经建立了门类齐全、系统完备的现代化工业体系，正在由制造业大国向制造业强国转变。这一转变过程，将有大量的过剩产能需要消化或转移。而这些产能是全球欠发达国家所急需的发展动力。所以，加大国际产能合作，转移我国相对过剩的产能，具有双赢的效果。建筑装饰行业是直接关系到人民利益的基础性行业，在国际上具有广阔的发展空间。2018 年是我国提出“一带一路”倡议 5 周年。经过 5 年的实践，“一带一路”已经被越来越多的国家纳入各国的经济发展规划，汇入地区发展战略，成为全球经济发展的重要引擎。在这一大背景下，2017 年建筑装饰行业境外工程产值比 2016 年增长了 72. 7%，实现了快速发展的目标。据不完全统计，我国建筑装饰装修工程企业现已签订的境外工程合同额就已经超过 2017 年全年的工程产值，所以，2018 年我国建筑装饰行业境外工程产值的增幅，将高于 2017 年的增长幅度。

2018 年要充分发挥好我国建筑装饰企业在国际工程市场上已经逐渐形成的品牌优势，紧紧跟随国家“一带一路”倡议，积极稳妥地开拓国际市场。要充分利用我国全产业链的产能优势，把更多的中国制造、中国标准、中国发明推向国际工程市场。要进一步加强对中华民族文化的自信，抓住建筑装饰装修工程设计这个龙头，提高在国际工程市场的主动权、话语权、定价权和裁判权。要进一步加强企业间走向国际工程市场的沟通、交流与合作，提高国际工程市场的拓展质量水平。

“十三五”期间建筑装饰行业规模发展空间预测见表 5-1。

表 5-1 “十三五”期间建筑装饰行业规模发展空间预测（单位：万亿元）

项目	2020 年总产值	2015—2020 年均增速	2015—2020 年增速幅度
建筑装饰行业	4.7	7%	38.24%
其中：公共建筑装修	2.3	6.5%	32.18%
住宅装修	2.4	8%	44.58%
建筑幕墙	0.55	11%	61.76%
工程设计	0.167	12%	75.79%

数据来源：国家统计局

近年来建筑行业相关政策汇总见表 5-2。

表 5-2 近年来建筑行业相关政策汇总

时间	政策名称	内容
2011 年 5 月	《2011—2015 年建筑业信息化发展纲要》	将 BIM 纳入信息化标准建设的重要内容
2015 年 6 月	《关于推进建筑信息模型应用的指导意见》	明确了 BIM 的具体推进目标：到 2020 年年末，建筑行业甲级勘察、设计单位以及特级、一级房屋建筑工程施工企业应掌握并实现 BIM 与企业管理系统和其他信息技术的一体化集成应用
2016 年 8 月	《2016—2020 年建筑业信息化发展纲要》	将 BIM 列为“十三五”建筑业重点推广的五大信息技术之首，一批示范应用性工程得到实施
2016 年 12 月	《建筑信息模型应用统一标准》（GB/T 51212—2016）	自 2017 年 7 月 1 日起实施
2017 年 5 月	《建筑信息模型施工应用标准》	自 2018 年 1 月 1 日期实施，标准从 BIM 的创建、使用和管理等方面出发，对建筑工程的深化设计、实施模拟、预制加工、进度管理、预算与成本管理、质量与安全管理、施工监理、竣工验收等方面提出了指导性规范

5.2 行业技术环境展望

建筑陶瓷工业的快速发展和人们消费水平的提升，促使消费者对房屋装修的要求越来越高。多数消费者在房屋装修时，选用吸水率极低的全瓷砖或玻化砖进行装修，且瓷砖的规格较以往也明显增大。一方面是大规格陶瓷薄板的热度增加，吸引了消费者眼球；另一方面陶瓷厂对传统规格的瓷砖进行了升级改造。

现阶段，瓷砖铺贴仍以水泥砂浆为主要粘贴材料，但在潮流发展趋势下，瓷砖的大尺寸、轻薄化、低吸水率，导致其对瓷砖粘贴材料及施工工艺的要求越来越高，瓷砖粘贴也逐渐演变得更加专业。使用瓷砖粘结剂替代传统水泥砂浆，是引领瓷砖铺贴工艺的一个新潮流、新时代。

目前，从中国的消费市场来看，国内消费水平不均衡，且消费者对于瓷砖粘结剂产品的认知度较低，瓷砖粘结剂在国内市场应用较少，产品尚未普及，这也预示着瓷砖粘结剂具有较大的市场发展空间。未来随着消费者生活水平的提高，对环保、节能、美观等要求的提升，同时随着瓷砖粘结剂的不断推广，薄层施工技术日趋成熟，施工效率越来越高，瓷砖粘结剂的市场应用将稳步提升。

在社会经济快速发展的今天，市场竞争日益激烈，瓷砖粘结剂生产企业竞争加剧，品牌化、专业化是瓷砖粘结剂生产企业未来的发展方向。在产品研发上，瓷砖粘结剂将朝着专业化、精细化、多元化的方向发展，针对不同材质瓷砖开发出不同类型瓷砖粘结剂；在产品性能上，各种建材都被运用到家装空间中去，这对瓷砖粘结剂的粘贴系数与环保质量提出了更高要求。面对日益严峻的环境问题，环境污染越来越受到人们的重视，各国政府相继制定了对建筑行业有机挥发物限制要求的相关法规。未来瓷砖粘结剂朝着低碳、环保、节能、减排等方向发展已成为大势所趋，减少建材 VOC 含量已成为建筑行业发展的总体目标。

对于瓷砖粘结剂生产企业来说，不能仅局限于简单的价格竞争，而应从消费者需求出发，不断提高自主创新能力，提高产品质量，扩大产品应用范围，加强产品配套服务，开发出高技术含量、高附加值、高性能的瓷砖粘结剂新产品，以适应复杂多变的市场环境。

5.3　行业市场环境展望

瓷砖粘贴产品产业链主要涉及上游原材料商、中游粘贴材料生产销售商、下游建筑装饰装修公司及地产公司，随着消费水平、环保意识、建筑工业化水平、建筑节能减排等不断提升，要求建筑材料向安全、环保、节能、防水、优质、美观等复合功能方向发展。因此中国建材产业开始出现巨大的结构性变化，消费趋势变化、市场洗牌，行业格局出现较大分化。

（一）上游原材料市场主要涉及砂石骨料、水泥、乳胶粉、纤维素醚等关键原材料的生产及销售企业

（1）砂石骨料作为瓷砖粘结剂的主要原材料，受供给侧结构性改革及环保严控大环境影响明显，截至 2017 年年底，全国在册的砂石骨料矿山企业总计 20552 家，同比递减 10. 93%，行业竞争加剧。大型及超大型砂石生产矿山企业稳步增加，小型、微型砂石矿山企业加速减少。在行业整合推动下，短期来看，小型、微型砂石矿山企业数量上占主导位置的行业结构不会发生大的改变，但随着行业竞争加剧、整合加速，未来砂石矿山企业规模和集中度将进一步改善。

（2）水泥是瓷砖粘结剂的主要原材料。近年来随着去产能、调结构政策的实施以及国家环保政策的出台，水泥行业面临较大的竞争压力和技术提升要求。2010 年以来，水泥供给规模增速逐年下降，2016 年达到历史低点。产能快速扩张周期结束，未来呈现相对平稳态势，甚至呈现缓慢收缩局面。

（3）乳胶粉作为瓷砖粘结剂原材料中一类不可缺少的添加剂，随着瓷砖粘结剂需求规模上涨，近年来乳胶粉整体产能呈现上升趋势。在国内需求高速增长的形势下，乳胶粉行业存在市场秩序不规范，质量和价格良莠不齐等问题。在去产能、升技术的大趋势下，乳胶粉生产企业也面临着企业转型、技术升级的局面，加之其原材料价格上涨明显，企业成本压力依然存在，竞争较以往更加激烈，企业整合加快。总体来看，只有通过提高产品品质，优化成本，提高性能，才能适应未来市场的发展形势。

（4）纤维素醚作为高性能外加剂，对于水泥基材料具有增稠、保水、引气和缓凝等改性作用，近年来在瓷砖粘结剂中得到广泛应用。在 2017 年年初，供给侧结构性改革市场分化困难传导到整个纤维素产业，精制棉需求下降，材料价格高位运行，同时环保安全压力加大，行业内出现转产、限产、停产的企业，精制棉行业的生存与发展受到严峻挑战。各种原材料断货和涨价，致使纤维素生产成本持续不断上升，纤维素醚市场价格波动较大。

（二）中游市场主要涉及瓷砖粘贴材料的生产及销售企业

（1）瓷砖粘贴材料生产企业主要涉及瓷砖粘结剂、填缝剂等企业。由于瓷砖粘结剂近年来发展迅速，越来越多的企业进入瓷砖粘结剂行业，导致行业乱象丛生，小、多、弱、散的瓷砖粘结剂生产企业数量众多，成规模的大中型企业数量较少。在“去产能、补短板”的政策驱动下，迫使落后的瓷砖粘结剂生产企业关停、升级、改造，品牌格局初显模型，企业品类扩张加速，商业

模式创新加快，品牌与营销出现新趋势。

（2）瓷砖粘贴材料销售商主要涉及陶瓷销售商、辅料销售商、装饰装修公司、施工单位（队）等。未来瓷砖粘贴材料销售商将转变传统渠道销售模式，采取更加灵活、多样的合作模式，从“产品 + 服务”的角度，加大与终端业主的沟通和交流，促进瓷砖粘结剂的市场应用。

（三）下游需求市场主要涉及房地产商及建筑装饰装修公司

（1）房地产商是房屋及建筑物的开发者，也是瓷砖粘贴材料的需求和影响者，房地产成交量直接影响瓷砖及粘贴材料的需求类型和需求量。2013—2015 年，中国经济保持“稳增长”态势，房地产行业政策及环境相对宽松，新房及二手房成交相对活跃。2016 年房地产政策收紧，对成品房交易进行限购、限贷、限价，致使新房和二手房市场成交量大幅度下滑。2017 年以来，房地产市场受分类指导、因城施策调控方针的影响，房地产投资增速回落，未来房地产可能是缓中趋稳的走势。

（2）建筑装饰装修公司既是瓷砖粘结剂的需求方也是施工方，对于瓷砖粘结剂的市场推广和应用起到决定性作用。随着“精装修、全装修”“装配式住宅”的推动，对于传统建筑装饰装修公司影响深远。它们不得不进行转型升级，改变传统服务模式，向全屋定制、互联网家装方向发展。全屋定制的发展，一方面细分了装修行业的市场；另一方面加强了建材行业在装修产业链分配中的地位。互联网家装市场经过几年的发展，已经形成了其固有的消费细分市场，个性消费和慵懒消费为这一市场的发展提供了机会。细分市场的崛起，为细分行业市场的品牌崛起提供了空间，对于新型瓷砖粘结剂产品的应用具有较大裨益。